CONFORTO NA ESCURIDÃO

CONFORTO NA ESCURIDÃO

O PODER DO JIU-JÍTSU INVISÍVEL

RICKSON GRACIE

COM PETER MAGUIRE

Tradução
Gabriela Colicigno

Rio de Janeiro, 2024

Copyright © 2024 por Rickson Gracie e Peter Maguire.
Todos os direitos reservados.
Copyright da tradução © 2024 por Casa dos Livros Editora LTDA.
Todos os direitos reservados.

Título original: *Comfort in Darkness*

Todos os direitos desta publicação são reservados à Casa dos Livros Editora LTDA. Nenhuma parte desta obra pode ser apropriada e estocada em sistema de banco de dados ou processo similar, em qualquer forma ou meio, seja eletrônico, de fotocópia, gravação etc., sem a permissão dos detentores do copyright.

COPIDESQUE	Elisabete Franczak
REVISÃO	Jacob Paes e Juliana da Costa
CAPA	Adaptada do projeto original de Owen Corrigan
FOTO DE CAPA	Flavio Scorsato
ADAPTAÇÃO DE CAPA	Osmane Garcia Filho
ILUSTRAÇÕES	Chris Burns
DIAGRAMAÇÃO	Abreu's System

Dados Internacionais de Catalogação na Publicação (CIP)
(Câmara Brasileira do Livro, SP, Brasil)

Gracie, Rickson
  Conforto na escuridão: o poder do jiu-jítsu invisível / Rickson Gracie, Peter Maguire; tradução Gabriela Colicigno. – Rio de Janeiro: HarperCollins Brasil, 2024.

  ISBN 978-65-5511-627-4

  1. Artes marciais 2. Filosofia de vida 3. Homens – Autobiografia 4. Jiu-jítsu 5. Lutas (Esporte) I. Maguire, Peter. II. Título.

24-227348   CDD–796.815

Índice para catálogo sistemático:
1. Jiu-jítsu: Artes marciais   796.815
Bibliotecária responsável: Eliane de Freitas Leite – CRB 8/8415

HarperCollins Brasil é uma marca licenciada à Casa dos Livros Editora LTDA.
Todos os direitos reservados à Casa dos Livros Editora LTDA.

Rua da Quitanda, 86, sala 601A – Centro
Rio de Janeiro/RJ – CEP 20091-005
Tel.: (21) 3175-1030
www.harpercollins.com.br

Para minha esposa, Cassia, e meus filhos, Rockson, Kaulin, Kauan e Kron

SUMÁRIO

Prefácio A DIALÉTICA DE RICKSON GRACIE 9

Introdução O JIU-JÍTSU INVISÍVEL 27

1 KENSHŌ 39

2 OS PROTOCOLOS DO JIU-JÍTSU INVISÍVEL 49

3 MEDO 59

4 NÃO PENSE, SINTA 71

5 RESPIRE 79

6 O ASSASSINO SEM SENTIMENTOS 87

7 SABEDORIA IMÓVEL 95

8 REGRAS DO ENGAJAMENTO 105

9 INSPIRAÇÃO 113

10 NOVOS DESAFIOS 125

11 CAMPO DE TREINAMENTO 135

12 PERMANECENDO NO TOPO 145

13 SEGUINDO MEUS PASSOS 153

14 QUEDA LIVRE 159

15 ENSINANDO JIU-JÍTSU HOJE 169

16 O MMA MODERNO 177

17 REUMANIZAÇÃO POR MEIO DO JIU-JÍTSU 181

18 JIU-JÍTSU PARA TODOS 187

19 JIU-JÍTSU INVISÍVEL 193

20 A LUTA DA MINHA VIDA 199

21 CONFORTO NA ESCURIDÃO 207

Conclusão APRENDENDO A AMAR MEUS ADVERSÁRIOS 213

AGRADECIMENTOS 221

Prefácio

A DIALÉTICA DE RICKSON GRACIE

POR PETER MAGUIRE

HOJE, A EXPRESSÃO "MIXED MARTIAL ARTS" (MMA) EVOCA A IMAGEM DE monstros pesados, tatuados e cheios de esteroides se batendo de forma sangrenta e sem sentido em gaiolas de metal, ao som de heavy metal, diante de uma audiência televisiva global. Embora Rickson Gracie, sem dúvida o maior lutador de MMA do século XX, pareça e aja mais como um aristocrata latino-americano do que um *Übermensh* do MMA, o Ultimate Fighting Championship (UFC) é criação de sua família e cresceu para além da arte marcial que eles inventaram.

Gracie é regularmente comparado aos grandes nomes do esporte, como o jogador de basquete Michael Jordan, o jogador de hóquei Wayne Gretzky, o toureiro Manolete ou o mestre do xadrez Garry Kasparov. Depois que o lutador lendário e medalhista olímpico Mark Schultz (Foxcatcher) perdeu duas vezes para Gracie em lutas privadas, disse apenas que "Rickson é o melhor lutador que já vi". Embora as três décadas de dominação de Rickson Gracie em competições de jiu-jítsu e lutas de vale-tudo (o antepassado mais violento do MMA) sejam assombrosas, ainda mais assombrosas são a serenidade espiritual e a profundidade com que ele lida com a luta mano a mano.

A relação de Gracie com as artes marciais está mais para um exemplo da "gaia ciência" (*die fröhliche Wissenschaft*) de Friedrich Nietzsche do que para uma reivindicação do sonho americano por parte do empreendedor do UFC. Seu regime de treino não é solene, presunçoso ou exibicionista; é, na verdade, lúdico e flexível, chegando a ser despreocupado. Quando Gracie se exercita, não conta as repetições nem olha para o relógio. Em vez disso, tenta entrar em um estado de equilíbrio entre mente, corpo e espírito.

Para Rickson Gracie, sua arte não é um esporte; é uma prática filosófica. Para ele, o lado mais interessante das artes marciais não é a técnica, e sim os elementos invisíveis dela — as mudanças constantes nas sensações de toque, peso e *momentum*. Sua descrição do jiu-jítsu se assemelha à descrição de "sabedoria imóvel" da esgrima do zen budista Takuan Sōhō ou da descrição do "controle inconsciente" de Eugen Herrigel, na Arquearia Zen.

Hoje, o campeão aposentado não se interessa mais por MMA ou competições de jiu-jítsu. Em vez disso, usa sua arte como ferramenta para ensinar alunos a respeito deles mesmos, um fato que posso atestar pessoalmente. Conheci Rickson Gracie em sua agora lendária Academia do Pico, no verão de 1992. Estava terminando meu doutorado em História na Universidade Columbia, mas passava o verão em Los Angeles. Nos dois anos anteriores, tinha treinado com um artista marcial de Nova York, que era um autodidata fisicamente brilhante. Muito antes do UFC, ele ensinava a um bando de alunos uma versão mais primitiva de artes marciais misturadas. Além de ser faixa preta em várias delas, o professor tinha praticado kickboxing profissional e participara de lutas clandestinas no bairro Chinatown, em Nova York, e nas reservas de nativos--americanos de Long Island. Em um *loft* de Manhattan, ensinou a mim e a alguns colegas kickboxing, boxe, kung fu Wing Tsun, luta corpo a corpo e luta com facas.

Depois que coloquei as mãos em uma cópia da fita cassete de Rorion Gracie, *Gracie in Action* (*Gracie em ação*), em 1990, meus colegas e eu assistimos àquilo uma vez atrás da outra. Antes da internet, aspirantes a artistas marciais trocavam fitas como artefatos religiosos, e nenhuma era mais cobiçada do que *Gracie in Action*. Ela não apenas serviu como introdução aos Gracie, a primeira família de jiu-jítsu brasileiro, como abriram nossos olhos graças às cenas de brasileiros magrelos enfrentando e sufocando kickboxers muito melhores que a gente. Isso, junto do mantra provocativo de Rorion Gracie de que "todos os lutadores acabam no chão", plantou uma semente de dúvida na minha cabeça quanto à minha dependência de socos e chutes.

No verão de 1992, um grande amigo e lutador contou que Rickson, o melhor dos Gracie, tinha aberto uma escola no oeste de Los Angeles. Perguntei se ele me conseguiria uma aula particular e, para minha surpresa, ele respondeu no dia seguinte: "Esteja lá às duas horas. A escola do Rickson é um pouco difícil de achar. Vá para o leste em Pico. Quando chegar em Sepulveda, procure a loja de tecidos à direita. Estacione onde der, depois vá pela calçada até a parte de trás do prédio". Depois de pensar melhor, acrescentou: "Eles querem saber se vai ser uma aula ou um desafio". Respondi que era só uma aula. "Não se esqueça de mencionar isso quando chegar. Muita gente tem aparecido na escola dele para lutar."

No dia seguinte, dirigi em direção ao Pico até achar a loja Rimmon Fabrics à direita, então estacionei. Andei pela calçada, passando por uma funilaria, e vi portas vaivém de *saloon*. Empurrei-as e entrei em uma escola de karatê japonesa tradicional, com boa iluminação, uma plataforma de madeira elevada, um poste *makiwara* e um retrato a óleo de um antigo mestre japonês na parede. A placa dizia "Escola de karatê do oeste de Los Angeles", mas algo estava errado. A plataforma estava coberta de tapetes de luta verdes desfiados, e dormindo neles tinha um grupo de latinos em forma e bronzeados. A escola de karatê do oeste de Los Angeles havia emprestado o espaço para Rickson, e aquele lugar de lutadores indefinidos se tornou o marco zero para uma revolução nas artes marciais que mudaria para sempre a maneira como o mundo via as lutas.

— Posso ajudar? — perguntou um homem baixinho e sorridente, com sotaque brasileiro e orelhas desfiguradas como couves-flores, almoçando sentado a uma mesa.

— Sim, estou aqui para uma aula particular — respondi para Luis "Limão" Heredia, sargento-mor de Rickson.

— Rickson está a caminho — disse ele, e voltou a comer.

Troquei de roupa no pequeno vestiário e, quando comecei a me aquecer, chutando um saco de areia pesado, Limão se levantou e veio até mim, perguntando casualmente:

— Você veio para uma aula ou um desafio?

— Aula — respondi, e sua expressão não mudou nem um pouco, porque o "Desafio Gracie" era apenas um fato em sua vida.

Revoluções são ganhas pela força, e não por palavras. E uma parte importante do *ethos* dos Gracie era, e segue sendo, o "Desafio Gracie". Para provar a eficácia do sistema de luta deles, os irmãos Gracie desafiavam abertamente outros lutadores de todos os estilos para testarem suas habilidades contra o jiu-jítsu em uma luta real, se assim quisessem. O desafio podia ser apenas uma casual luta esportiva, que acabava com uma batida no chão a qualquer momento, enquanto outras eram lutas de vale-tudo. Nelas, não havia luvas ou rounds, apenas duas regras: não podia morder nem enfiar o dedo no olho do oponente. Diferentemente do UFC, muito mais "delicado", o vale-tudo tinha cabeçadas e cotoveladas, e joelhadas no adversário caído eram completamente válidas.

Comparado com artes marciais asiáticas, o jiu-jítsu de Gracie era informal. Contando com apenas cinco faixas — branca, azul, roxa, marrom e preta —, a única maneira de subir de faixa era derrotando alguém de gradação mais alta. Mesmo que Rickson, teoricamente, enfrentasse um desafio, o competidor precisava, antes, passar pelo incrível e desafiador séquito de faixa azul, roxa e marrom. Os desafios geralmente eram mais formais e respeitosos, mas em um piscar de olhos podiam acabar em pancadaria se alguém quebrasse o contrato social ao morder, enfiar o dedo nos olhos ou praticar qualquer outra forma de conduta antiesportiva. Quem violasse o contrato social ali, aprendi rápido, era severamente punido.

Vinte minutos depois, Rickson chegou. Ele sorriu para mim e se desculpou pelo atraso. Quando apertou minha mão, olhou fundo nos meus olhos e começou a apalpar meus ombros, tríceps e outros músculos, aprendendo sobre mim sem usar palavras. Em um nanossegundo, soube que eu era tão inofensivo quanto um mosquito. Gracie não era alto, mas tinha os ombros largos. Não deixei de reparar em como ele era magro.

Acostumado a uma pedagogia de artes marciais mais bruta, minha primeira aula com Rickson foi surpreendentemente calma e teórica. Primeiro, ele me pediu que entrasse em posição de luta, então, verificou minha "base" me empurrando e me puxando. Conforme a aula avançava, fiquei perplexo com quanto ela foi acadêmica. A dialética de Rickson explorou problemas físicos que ele descrevia com termos como "base", "engajamento", "conexão", "alavancagem" e "timing".

Embora as lutas agarradas sempre tenham me impressionado, eu detestava exercícios de artes marciais robóticas, fossem judô, wrestling ou kung fu. A abordagem de Gracie em relação à luta agarrada era o oposto disso. Era totalmente intuitiva e se baseava tanto nos sentidos quanto na mente e no corpo. No fim daquela primeira hora, Rickson havia me conquistado por ter desafiado meu intelecto, e não meu ego. Examinei-o e tentei resolver o problema físico que ele apresentava, e minhas respostas eram validadas ou refutadas por tentativa e erro no tatame. No fim da aula, ele me pediu que tentasse prendê-lo em qualquer posição que eu quisesse, da qual escapou com pouco ou nenhum esforço. Em seguida, Rickson mandou que eu tentasse dar um tapa nele, e em segundos me prendeu em um nó, a única evidência de qualquer esforço por parte dele eram suas exalações ritmadas.

Enquanto me arrumava para ir embora, os soldados da linha de frente de Gracie chegavam, lambiam suas feridas e se preparavam psicologicamente para a aula seguinte. Formada tanto por norte-americanos quanto por brasileiros, a primeira geração de alunos da Academia do Pico era composta por caras que aceitavam qualquer desafio. Os brasileiros eram liderados por Luis Limão, Mauricio Costa, Luis Claudio, Coyote, Fernando "Dentinho" Fayzano e uma penca de primos e amigos cariocas. Os norte-americanos eram igualmente impressionantes: Chris Sauders, Mark Ekerd, David Kama, Stefanos Miltsakakis, além do perigoso adolescente Richard "Hicky" Hillman. Estava evidente que qualquer um deles entraria na frente de uma bala por Rickson, então tanto os desafios formais quanto os informais eram oportunidades valiosas de carregar a bandeira dos Gracie.

Antes que eu fosse embora naquela tarde, Rickson me convidou para voltar e treinar de verdade quando tivesse tempo. Eu voltei a Los Angeles no verão seguinte e, em vez de aulas particulares, participei da turma da "Aula aberta para homens" das 10h30. Quase todos os meus colegas eram lutadores profissionais e artistas marciais, como o pioneiro do MMA Erik Paulson, o artista marcial e instrutor de mano a mano dos Fuzileiros Navais SEAL Paul Vunak, e meu parceiro de faixa branca John Lewis, que seguiu lutando no UFC. Enquanto Paulson e Lewis eram lutadores em forma e atléticos, mais impressionantes eram os perigosos profissionais, como o guarda prisional levemente gordo e que parecia um urso ou o operário da plataforma de petróleo *offshore*, cujas mãos eram do tamanho de luvas de beisebol. Esses caras eram de outra espécie. Não importa quão lentos fossem ou quanto os movimentos fossem telegrafados; o tamanho e a força lhes permitiam fazer o que quisessem. O surfista havaiano Leonard Brady foi quem melhor os descreveu: "No fim da minha aula particular com Rickson Gracie em sua famosa Academia do Pico, a turma seguinte chegava; todos sem camisa, cheios de atitude, muito tatuados. Parecia o pátio de uma prisão na hora do exercício".

Socialmente, a aula era dividida entre lutadores que surfavam, surfistas que lutavam e lutadores que não surfavam. Todos os brasileiros surfavam e, para eles, a habilidade na água era tão importante quanto a habilidade no tatame. Por sorte, eu surfava havia anos e já tinha viajado o mundo para pegar as ondas mais desafiadoras. Isso, e ter acesso aos lugares privados e secretos de surfe na Califórnia, me colocou nas boas graças dos brasileiros.

Uma constante na Academia Pico naquele verão foram os coros dos brasileiros. Assim como os coros gregos dos teatros, eles podiam ser felizes, tristes, furiosos ou cheios de rancor. Meu primeiro contato com esse fenômeno foi quando uma linda garota brasileira entrou pelas portas vaivém da academia, reclamando acaloradamente em português, de um bodybuilder da sua academia que tinha falado em tom depreciativo sobre a camiseta do jiu-jítsu Gracie que ela usava. Imediatamente, meus colegas apertaram os olhos, as expressões mudaram. Depois de uns trinta segundos se examinando, quatro brasileiros, um deles com uma câmera de vídeo, entraram no carro dela e dispararam estacionamento afora atrás do bodybuilder. Quarenta e cinco minutos depois, voltaram rindo. Embora não tivessem achado a presa, deixaram na sua academia um convite para ele visitar a Academia do Pico quando quisesse.

Um dia, Rickson botou a gente em fila na parede e começou a falar de maneira aberta e honesta sobre medo e nervosismo. Eu não entendi por que todo mundo ficou tão tenso, mas o motivo ficou bem nítido quando ele apontou para a esquerda e disse:

— Mais de 70 quilos. — E para sua direita: — Menos de 70 quilos.

Essa foi minha primeira competição interclasse. Eram competições recorrentes e informais que serviam para todo mundo ter noção de seu lugar na cadeia alimentar da Academia do Pico. Como Rickson era o juiz e organizador de duplas, a hierarquia surgia naturalmente.

Enfrentei um brasileiro faixa azul magricelo na primeira vez. Fui agressivamente em busca de uma queda, e, depois de uma breve confusão, estávamos no chão. Embora eu estivesse por cima, ele passou as pernas ao redor do meu peito na guarda clássica do jiu-jítsu Gracie. De súbito, a parte de trás de uma coxa firme acertou meu rosto, encontrou um espaço confortável sobre meu queixo e começou a separar minha cabeça do meu braço. Sem intenção de bater no chão, tentei me soltar, mas isso só apertou a pegada no meu braço. Com o aumento da pressão no meu cotovelo, a sensação do tendão sendo estirado parecia um barulho interno no meu corpo, como um cabo de alta tensão tensionando e depois rompendo com a pressão. Com a hiperextensão, ouvi e senti partes dentro do cotovelo estalando uma por vez — "crec-croc-crec".

Quando finalmente bati, era tarde demais, o estrago estava feito, e a lesão era culpa minha. Tentei esconder a dor, mas pelo olhar de comiseração no rosto dos colegas, dava para ver que eles sabiam que eu tinha me machucado. Rolou uma discussão breve e intensa entre meu oponente e o grupo brasileiro. Eu não falo português e não tenho ideia do que as palavras significavam, mas sabia exatamente o que estavam dizendo. Foi algo como:

Brasileiros: Por que você estalou o cotovelo dele?

Oponente: Ele deveria ter batido, caramba.

Brasileiros: [Suspiro]... É, ele deveria...

No fim da aula, Rickson se aproximou de mim e me repreendeu pela pressa e falta de técnica. Por fim, disse:

— Da próxima vez, *tranquilo*.

Meu braço não estava quebrado, mas o cotovelo estava lesionado, e pelos seis meses seguintes, sempre que remava na prancha de surfe, pensava no brasileiro magricelo.

Em outros dias, Rickson colocava os alunos em fila na parede e lutava com cada um deles, um por vez. As lutas raramente duravam mais que dois ou três minutos, mas éramos em vinte ou trinta. Ele me fez bater com um gancho de braço firme em menos de trinta segundos.

Já em outras ocasiões, Luis Limão colocava um par comicamente enorme de luvas de boxe de couro amarradas, velhas e gastas, e ficava no centro do tatame. O exercício era bem simples: tínhamos que acertar o Limão antes que ele desse um soco na nossa cara. Com minha experiência em Wing Tsun e kickboxing, os socos malucos de boxe dele eram facilmente evitáveis.

Para outros alunos, porém, o exercício de boxe era o pior pesadelo. Assim como os boxeadores em geral não entendem a relação espacial entre duas pessoas agarradas no chão, naquela época os lutadores de jiu-jítsu não entendiam o boxe. O único objetivo deles era derrubar o oponente no chão, onde estavam mais confortáveis. Quanto pior fosse o aluno lutando em pé, piores eram os socos levados. Desacostumados a desviar dos golpes, alguns colegas engoliram vários socos horríveis, e Limão não estava preocupado em evitar a dor ou a humilhação deles. Na cabeça do professor, era melhor sofrer ali, de portas fechadas, do que nas ruas.

Os brasileiros ficavam impressionados com minhas mãos, especialmente o filho de 11 anos de Rickson, Rockson. O príncipe do jiu-jítsu ainda era um garoto magrelo, mas já naquela época era evidente que tinha o coração de um leão. Tinha toda a intenção de seguir os passos dos avôs, pai, tios e primos. E, embora Rickson gostasse de mim, e eu dele, eu era nativo da Cidade dos Anjos e sabia muito bem dos perigos de aceitar cada desafio presente ali. Rockson era craque em identificar os membros mais fracos do bando da Academia do Pico. Inocentemente, ele perguntava se podia praticar seu estrangulamento neles, que não suspeitavam que bracinhos tão finos e pequenos fossem capazes de tanto poder. Alguns ficavam inconscientes e acordavam com uma criança gargalhando em cima deles.

Se as ondas não estivessem boas, eu treinava três vezes por semana, e estava na melhor forma da minha vida. Muitas noites tinha problemas para dormir, porque o topo das minhas orelhas estava completamente machucado. Apesar das orelhas inchadas, do cotovelo dolorido e do corpo cheio de hematomas, meu jiu-jítsu ficava cada vez melhor. Na segunda competição interclasse, ganhei do oponente com um estrangulamento em menos de um minuto, mas perdi para o segundo, bem maior, por muito pouco. Depois da competição, eu me aproximei de Rickson, tentando arrancar um elogio.

— Melhor que da outra vez?

— O que você acha? — zombou ele, revirando os olhos.

Na metade do verão, Royce, irmão de Rickson, começou a treinar também. Havia rumores de que Rickson estava preparando o irmão para lutar na primeira competição de vale-tudo dos Estados Unidos. O UFC era cria do irmão mais velho dos Gracie, Rorion. Assim, decidiu-se que Royce Gracie deveria representar a família por parecer jovem e inofensivo. Embora isso fosse parcialmente verdade, Rickson era uma ameaça direta à hegemonia do jiu-jítsu de Rorion. De qualquer modo, eles colocaram as diferenças de lado por um breve período para treinar o irmão para o primeiro UFC. E embora Royce fosse ele mesmo um ótimo lutador, não era páreo para Rickson, como ficava óbvio ao assisti-los treinar no canto dos tatames antes da nossa aula.

Royce fazia seu melhor para suportar e sobreviver à pressão implacável do irmão, mas isso era tudo. Quando Rickson percebia que o irmão estava perto de quebrar, aumentava a pressão um pouco mais, e então terminava a luta de maneira brincalhona. Em vez de intensificar o estrangulamento, ele dava um tapinha na cabeça de Royce e um beijo em sua bochecha, e toda a tensão da última hora se dissipava com risadas e piadas que só irmãos sabem fazer.

Divulgado como uma luta de galos humana para angariar a audiência dos Estados Unidos, criada com filmes do Bruce Lee e com a World Wrestling Entertainment (WWE), o UFC seria uma competição mata-mata baseada no vale-tudo brasileiro. Sem luvas, sem rounds, sem limite de tempo; as únicas regras eram não morder nem colocar o dedo no olho do oponente. Em 12 de novembro de 1993, 7.800 espectadores compareceram ao primeiro UFC em Denver, no Colorado, Estados Unidos, e mais 86 mil pagaram cerca de quinze dólares para assistir na televisão pelo pay-per-view.

CONFORTO NA ESCURIDÃO

Depois que Royce subjugou um boxeador, um oponente da luta livre e um do kickboxing, e venceu o primeiro campeonato, a popularidade do jiu-jítsu Gracie explodiu. Quando voltei à Academia do Pico, em dezembro de 1993, estava lotada de alunos, e o ar era de triunfo. Eu tinha acabado de terminar o doutorado em História na Universidade Columbia, e mesmo que minha dissertação sobre o julgamento de Nuremberg e leis de guerra tenha recebido honras, me senti vazio, uma fraude, como um comentarista de boxe que nunca pisou no ringue. Eu tinha 28 anos, um produto da geração norte-americana mais pacífica na história, e tudo o que eu sabia de conflitos vinha dos livros.

Então, em vez de embarcar na carreira acadêmica, fui voluntário para trabalhar em uma ONG no Camboja que estava documentando os crimes de guerra do Khmer Vermelho. Quando contei a Rickson que ia para um país instável e tomado pela guerra para investigar atrocidades, ele olhou para mim com curiosidade e perguntou por quê. Respondi que queria saber como o Khmer Vermelho tinha se safado após o genocídio, tentar fazer seus líderes serem julgados e, pelo menos, coletar e preservar evidências dos crimes. Ele concordou com a cabeça, sério, me abraçou e me disse que tomasse cuidado.

Enquanto eu estava na Ásia, Royce defendeu seu título do UFC com louvor — três das quatro lutas não duraram nem um minuto. Mesmo que Royce estivesse eclipsando o irmão mais velho nos Estados Unidos, nunca houve dúvidas de quem era o melhor lutador na família. Em uma entrevista pós-luta, Royce admitiu prontamente: "Rickson é dez vezes melhor que eu".

Minha primeira investigação foi acerca da prisão Tuol Sleng. Em 1976, o Khmer Vermelho transformara uma antiga escola em um centro de tortura e interrogação. Mais de 20 mil pessoas entraram, e talvez umas vinte tenham sobrevivido. Entrevistas com os sobreviventes do Khmer Vermelho me levaram ao limite da teoria da perfeição da justiça, que soava muito mais convincente nos seminários universitários do que no calor empoeirado das ruas de Phnom Penh.

Voltei do sudeste da Ásia na primavera de 1994 e acabei encontrando Rickson em um nascer do sol na praia Surfrider, em Malibu. De várias maneiras, eu era um homem mudado. A vida de Rickson também mudara tão rápido quanto a minha. Ele me contou que tinha acabado de assinar um contrato para lutar na primeira competição de vale-tudo japonesa. Disse que preferia lutar no Japão porque eles tinham um entendimento mais profundo das artes marciais e da cultura de guerreiros do que os estadunidenses. Rickson me convidou para treinar na casa dele antes que eu fosse embora.

Alguns dias depois, levei algumas evidências que tinha coletado no Camboja até a casa dele. Rickson estremeceu ao olhar a foto de um jovem com uma corrente e cadeado em volta do pescoço, depois, para outro com o peito nu e o número 17 pregado na pele. Quando viu a tristeza no olhar de uma mãe cuja mão decepada do filho segurava a manga de sua roupa, ele me devolveu o bolo de fotos 4x5 e perguntou *por quê*. Então começamos uma conversa que continuaria por quase trinta anos.

Na década seguinte, me dediquei a responsabilizar os líderes do Khmer Vermelho por suas atrocidades. A pesquisa por evidências e testemunhas me levaram ao Camboja várias vezes, mas também ao Vietnã, Tailândia, antiga Alemanha Oriental, França, Haia, Washington, nos Estados Unidos, entre outros lugares. Além disso, eu falava sempre da improvável perspectiva de um julgamento por crimes de guerra do Khmer Vermelho para a ONU, o governo dos Estados Unidos e outros órgãos oficiais de direitos humanos. Durante esse período, com a bênção de Rickson, introduzi o jiu-jítsu

Gracie no Camboja, provando sua eficácia e convertendo céticos inveterados em alunos e amigos de longa data. Quando o Camboja ganhou a primeira medalha de ouro nos Jogos Asiáticos de 2020, fiquei muito orgulhoso por ver que foi no jiu-jítsu.

Depois de muitas das cansativas viagens de investigação no exterior, eu passava pela alfândega do aeroporto de Los Angeles e ia direto para a casa de Rickson. Chegava sem avisar, coberto de fumaça, pó e suor seco. Estava ansioso para respirar aliviado e contar a meu amigo e professor minhas últimas descobertas e encontros marciais. Muitas vezes, encontrava Rickson na garagem, dando uma aula particular a alguma lenda do jiu-jítsu que estava na cidade para alguma competição, ou em uma poça de suor, alongando o pescoço com um elástico de contenção caseiro, ou fazendo exercícios de respiração na piscina.

— Fala, campeão — dizia ele, com um sorriso sempre acolhedor, mas um pouco confuso.

Quando me abraçava, sempre parecia me medir. Rickson podia sentir quando eu não tinha dormido o suficiente e tinha me entupido de adrenalina, café, barras proteicas, cigarro, cerveja e remédios por semanas sem fim. Antes que eu abrisse a mala e começasse a falar e mostrar tudo, ele dizia:

— Tire os sapatos, vamos treinar um pouco.

Às vezes, ele me dava calças Gi, mas geralmente eu treinava com as mesmas roupas sujas que estava usando havia dias.

Só fui perceber anos depois que Rickson avaliava meu desequilíbrio e usava o jiu-jítsu para me acalmar, me centrar e me puxar de volta para a Terra. Essas aulas eram sempre longas, intensas e feitas ao redor daquele pequeno detalhe que ele sentia que me faltava. Ele repetia as palavras "base", "conexão, "alavancagem" e "timing" como mantras até que estivesse convencido de que eu não apenas sabia os conceitos, mas os sentia por completo. Uma vez, ele mandou que eu ficasse de pé e me defendesse, então começou a me dar tapas com a mão aberta. Depois que bloqueei e revidei todos, ele disse:

— Sim, suas mãos funcionam muito bem.

Então, subitamente, me deu um golpe muito mais forte. Consegui bloquear, mas a força dele me fez dar um giro completo. Rickson riu e continuou:

— Mas você é fraco, porque suas mãos não estão em conexão com sua base.

As aulas improvisadas acabavam tão rápido quanto começavam. Geralmente quando um dos filhos dele me via e queria saber da última viagem. Eu contava das lutas contra inimigos em motos, de ter escapado da debandada de uma multidão durante o Festival Anual da Água no Camboja ou sobre as revoltas violentas, com muita fumaça e barulhos de vidro sendo quebrado. Quase sempre eu terminava ajudando um dos filhos de Rickson com a lição de casa, dançando na sala de estar com sua filha Kauan ou reescrevendo um texto de relações públicas para Kim, a esposa dele na época.

Rickson me falava de base, conexão e alavancagem, e eu falava de Carl von Clausewitz, o Plano Schlieffen, a Guerra ao Terror e o Khmer Vermelho. Era isso que tornava nossa amizade única — a nossa opinião sem filtros —, mas também fazia com que, durante as vitórias, tragédias, revezes, livros best-sellers e processos judiciais, permanecêssemos lado a lado. "Você é a única pessoa que eu conheço que liga para meu pai uns dias antes de chegar à cidade (se muito)", escreveu para mim a filha dele, Kaulin, às vésperas de seu casamento em 1999, "e consegue fazê-lo vestir seu velho Gi, limpar a garagem e pregar sua filosofia de vida".

No começo, *Conforto na escuridão* era para ser um guia de estilo de vida, uma última volta vitoriosa depois do sucesso do nosso best-seller *Respire: uma vida em movimento*. Porém, este livro ganhou muito mais importância em 2021. Durante uma aula em que estavam meu filho, o primo dos Gracie, Jean Jacques Machado, a lenda das artes marciais, Chris Haueter, e eu, notamos um óbvio tremor na mão direita de Rickson. Nossa relação sempre foi direta e honesta, então perguntei a ele sobre a mão, e soube que ele tinha sido diagnosticado com Parkinson.

Diferentemente de *Respire*, o livro que você tem em mãos é mais uma colaboração do que um trabalho de *ghostwriter*. Para entender o Parkinson, fui forçado a aprender toda a química e biologia responsáveis por me fazer levar bomba na escola. Meus colegas acadêmicos colocaram Rickson e eu a par da ciência da respiração, física da alavancagem, autofagia, neurotransmissores, sinapses, dopamina e vários outros aspectos da doença. Algumas vezes, eu sabia mais do que Rickson; outras, ele refutava meu entendimento acadêmico com sua experiência de vida. Mas sempre foi uma troca intelectual honesta, cujo objetivo principal era traçar o melhor curso para lutar contra essa doença debilitante que o aflige.

Nos últimos dois anos, Rickson me mostrou sua fé no jiu-jítsu invisível, a profundidade de seu comprometimento, e como se apoiou cegamente nele para lutar contra o Parkinson. Nada, porém, me impressionou mais do que as aulas que ele dá em seu imaculado estúdio privado em Los Angeles. Quando Rickson veste o quimono, amarra a faixa coral na cintura e se curva diante da foto do pai na parede, também coloca sua dor na estante pelas duas horas seguintes. Durante essas sessões intensas, o conhecimento dos alunos sobre base, conexão, alavancagem, distribuição de peso e timing — as bases que apoiam o jiu-jítsu invisível — é testado.

A despeito da cor da faixa, todos os alunos fracassam de maneiras diferentes. Depois que o fracasso coletivo é examinado,

A DIALÉTICA DE RICKSON GRACIE

começa a aula de verdade, conforme os alunos sentem e testam seu entendimento maior dos conceitos do jiu-jítsu. Não existem lutas, ninguém bate no chão, e a atmosfera é mais socrática do que de combate. As aulas são sérias e duras; o leão do inverno não mede palavras ou tolera tolices. No fim, Rickson sai mancando do tatame, e seu contentamento e satisfação são palpáveis, porque o Odisseu do jiu-jítsu está sempre em Ítaca quando está no tatame.

Compará-lo com a maioria dos professores de jiu-jítsu é como comparar um carpinteiro armado com uma pistola de pregos aos mestres marceneiros japoneses Miyadaiku que construíram o Templo Horyu-ji. Levei muitos anos para perceber que, mais do que a habilidade de realizar chaves de braço, estrangulamentos e rasteiras, Rickson Gracie tinha me dado a confiança para lutar pelo que eu acredito que seja certo, falar a verdade independentemente das consequências, proteger aqueles que não têm o poder para proteger a si mesmos e ficar calmo e improvisar quando os planos A, B e C falharem. Em resumo, é esse "jiu-jítsu invisível" que vou carregar comigo até o dia de minha morte.

Introdução

O JIU-JÍTSU INVISÍVEL

POR RICKSON GRACIE

QUER VOCÊ NOS AME OU NOS ODEIE, DESDE MEU PAI, HÉLIO; MEUS TIOS, Carlos e George; meus irmãos, Rolls, Relson, Rorion, Royler e Royce; meus primos, Carlson, Robson, Rilion, Renzo, Ralph, Jean Jacques e Rigan; a meus filhos, Kron e Rockson; meus sobrinhos, Roger, Neisman e Kayron; e minha sobrinha, Kyra, nenhuma família na história moderna das artes marciais teve tantos lutadores profissionais quanto a nossa. Isso não deveria ser surpresa. Nossos antepassados escoceses lutaram contra invasores romanos, vikings e britânicos, e quando não havia mais ninguém, lutaram contra eles mesmos.

Clãs escoceses costumam ser chefiados pelo melhor de seus guerreiros. Esses homens lideram do front e pelo exemplo. Nos anos 1300, a rixa entre dois clãs ficou tão sangrenta que o rei da Escócia ordenou que cada um deles escolhesse seus trinta melhores homens para resolver as diferenças em frente a ele, em uma batalha até a morte (a Batalha dos Clãs).

Mesmo que meus ancestrais tenham migrado da terra natal de Dumfries, Escócia, para os Estados Unidos, nos séculos XVIII e XIX, mantiveram viva a tradição de suas artes marciais. Durante a Guerra Civil dos Estados Unidos, um parente meu, Archibald Gracie III, foi jogado de cima de seu cavalo, depois levou um tiro no braço, até que finalmente foi morto por uma granada durante o Cerco de Petersburg, em 1864. "Na parte mais agitada do campo [de batalha], onde se concentrava a queda de seus homens e os mísseis da morte clamavam por vítimas", escreveu um oficial que serviu com ele para o elogio fúnebre, "lá estava ele, se juntando à carnificina, desferindo golpes e mais golpes em seus adversários e encorajando os bravos garotos do Alabama a seguirem em frente". Acima de tudo — vencer, perder, empatar ou morrer —, a vontade de lutar corre no sangue dos Gracie.

Não sou mais um lutador profissional, e restou apenas um fragmento do que um dia fui, mas meus poderes invisíveis transcendem minha forma física e sempre serão parte de mim. Com o passar dos anos, depois de muitos ferimentos e doenças, percebi que o jiu-jítsu é muito mais do que lutar; é uma metáfora para a vida. Hoje, me interesso mais por ensinar os princípios básicos do jiu-jítsu, para que as pessoas possam inserir estratégias, táticas, timing, alavancagem, aceitação e esperança às suas vidas.

Meu tio Carlos e meu pai Hélio Gracie criaram o jiu-jítsu Gracie para ser um sistema de empoderamento humano por meio da defesa pessoal. O currículo original era composto por quarenta aulas particulares de defesa pessoal, focadas em preparar os alunos física e mentalmente para se defenderem em uma luta de verdade. Tão importante quanto as técnicas era a confiança, ou o "jiu-jítsu invisível", que eles ganhavam no processo.

Meu pai e meu tio eram homens apaixonados, motivados e excêntricos. Carlos tinha o costume de acordar antes do nascer do sol para meditar sob seus primeiros raios. Acreditava que tinha uma percepção extrassensorial (PES) e passava a maior parte do tempo refletindo a respeito de biorritmos, reencarnação, nutrição, digestão e combinação alimentar. Meu tio era adepto da máxima de Hipócrates: "que a comida seja a medicina e que a medicina seja a comida". Passou boa parte da vida desenhando uma dieta e um estilo de vida que gerações de lutadores Gracie seguiram e ainda seguem nos dias de hoje.

Carlos era um defensor zeloso do jiu-jítsu por acreditar que a luta tinha transformado sua vida para melhor. Por volta de 1917, ele e meu avô Gastão Gracie viram um lutador japonês, Mitsuyo Maeda, de 1,60 metro e 65 quilos, que lutava sob o codinome Conde Koma, usar técnica, estratégia e inteligência durante uma demonstração de jiu-jítsu em Belém, no Pará. Depois que o lutador e sua família se estabeleceram na cidade, minha família e outras pessoas passaram a aprender com ele seu estilo modificado de jiu-jítsu.

Maeda era um dos melhores alunos de Jigoro Kano (um dos fundadores do judô), e deixou sua escola, Kodokan, em 1904, para viajar aos Estados Unidos. Depois de um curto período como professor de jiu-jítsu, tornou-se lutador profissional e nunca mais retornou ao Japão. Em vez disso, Maeda lutou contra pessoas do wrestling, brigões, boxeadores, judocas e capoeiristas armados, e venceu cada um deles durante uma odisseia de artes marciais que o levou dos Estados Unidos à Europa, e depois Cuba, México e América do Sul. Quando Maeda fixou-se no Brasil e passou a dar aulas, já era um lutador bastante consolidado, que transformara o jiu-jítsu em uma arte marcial prática a ser modificada pelo meu tio e, especialmente, meu pai.

Pelo fato de Hélio ser o menor dos irmãos Gracie e pesar pouco mais de 60 quilos, não podia se valer de alcance e força. Em vez disso, dependia de técnicas precisas, timing perfeito e paciência estratégica. Não podia se impor sobre os oponentes. Precisava esperar que cometessem um erro para se aproveitar disso. Às vezes, levava menos de um minuto; outras, podia levar horas. E embora Maeda tenha entregado uma fundação sólida de jiu-jítsu à minha família, foi meu pai que o transformou de uma arte marcial de combate a uma arte de sobrevivência, que permitia aos fracos derrotarem os fortes.

Hélio Gracie era o chefe de nosso clã. Como nossos antepassados escoceses, ganhou o título com sangue, suor e lágrimas. Entre 1932 e 1967, meu pai lutou um número sem fim de lutas formais e informais, além de desafios contra wrestlers, capoeiristas e alguns dos melhores judocas japoneses. Ele não era apenas corajoso; era engenhoso, criativo e se adaptava bem. Hélio era a versão das artes marciais de um vietcongue.

Aos 44 anos, meu pai saiu da aposentadoria para lutar contra um ex-aluno dezesseis anos mais novo e 20 quilos mais leve. Depois de quase quatro horas, foi nocauteado por um chute na cabeça. Mesmo tendo perdido, Hélio ficou orgulhoso de não ter desistido. Desde que consigo me lembrar, fui ensinado que não há vergonha em perder, mas há desonra em desistir ou não lutar.

Quando nasci, em 1959, Hélio Gracie era um dos lutadores brasileiros mais conhecidos. Ainda garoto, meu mundo era moldado pelo *ethos* guerreiro de minha família. Enquanto outras crianças aprendiam a engatinhar, andar e correr, os Gracie aprendiam jiu-jítsu.

Tanto meu pai quanto meu tio eram poligâmicos, e os dois tiveram trinta filhos com oito mulheres diferentes. Vinte e um foram meninos, então, havia bastante competitividade na minha família

CONFORTO NA ESCURIDÃO

mais próxima. Na maioria dos fins de semana, todos os Gracie se reuniam em nossa *casa grande* de 21 quartos na região serrana do Rio de Janeiro. Lá, jogávamos futebol, andávamos a cavalo e comíamos refeições familiares preparadas por vários funcionários.

Era tudo divertido e descontraído, até que meu pai estendia a grande lona no gramado e reunia todos os meus primos e irmãos para praticar jiu-jítsu. Quando Hélio pisava no tatame, tornava-se o mestre de artes marciais e um ponto de referência para nós. Ele não bebia nem fumava. Seguia uma dieta restrita e um código de conduta rígido. Não importava se fosse lutar por horas, domar um cavalo selvagem ou limpar um banheiro, meu pai nunca pedia que fizéssemos algo que ele mesmo não estivesse pronto para fazer.

Meu pai e meu tio acreditavam, de verdade, que estavam criando um clã de guerreiros, e nossos sentimentos ou nosso conforto nunca eram levados em consideração. Meus irmãos, meus primos e eu pagávamos nossos pecados no tatame. Não havia apenas dor e sofrimento, mas a competição sempre era difícil — e encorajada pelo meu pai. Hélio colocava um contra o outro para nos testar e ver quem era o melhor. Alguns dos meus irmãos e primos estavam à altura do desafio, enquanto outros colapsavam sob seu peso.

Carlos e Hélio eram uma frente unida. Da comida que comíamos aos sapatos que calçávamos, além do modo como treinávamos e mesmo os dias em que lutávamos, eles discutiam tudo. Quando pedíamos algo, Hélio sempre tinha uma rápida conversa com Carlos e só então voltava com a decisão.

Como um Gracie, eu sabia que tinha sido criado para ser um guerreiro. Mas eu não queria ser apenas um lutador; queria ser um campeão. Meu primeiro sonho de infância era seguir os passos do meu pai e levar nossa bandeira à batalha. Ainda muito cedo, meu pai reconheceu como eu era bom no jiu-jítsu e me pressionou a ser

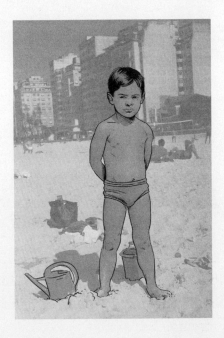

o melhor lutador Gracie de todos os tempos. Nunca me ressenti disso ou resisti, pelo contrário. Queria provar a meu pai que sua fé em mim não era em vão.

Encarei minha primeira competição de jiu-jítsu aos 6 anos. Como não havia uma categoria para minha idade, meu pai me inscreveu na divisão das crianças mais velhas. Mesmo tendo perdido, não me senti mal — Hélio estava orgulhoso de mim por ter seguido em frente e competido. Tudo o que senti foi seu amor e apoio incondicionais. Conforme fui crescendo e comecei a derrotar meus oponentes, meu pai nunca ficava empolgado com a expectativa de que eu vencesse.

Depois que meu primo Carlson se aposentou das lutas e abriu a própria escola, meu irmão mais velho, Rolls Gracie, tornou-se nosso líder e campeão da família. Por quase toda a década de 1970, nenhum dos meus irmãos ou primos conseguia encostar nele no tatame, e ele estava no topo da pirâmide dos Gracie. Um

homem maravilhoso, cheio de paixão e curiosidade intelectual, Rolls não era apenas meu ídolo; era também meu mentor, instrutor e parceiro de treino.

Quanto melhor eu me tornava, mais Rolls me pressionava. Treinar com ele era basicamente lutar; e durante a luta, aprendi a sobreviver a longos períodos de agonia, esperando que meu oponente cometesse um erro fatal para, então, finalizá-lo com eficiência brutal. Aos 16 anos, meu jiu-jítsu se tornava cada vez mais uma espécie de xadrez físico. Tentava estar sempre vários movimentos à frente do oponente, colocá-lo em armadilhas e, por fim, emboscá-lo e dar xeque-mate. Além do atributo físico natural, aprendi a usar a inteligência e meus poderes de observação para encontrar e avaliar oportunidades. Eu nunca sabia exatamente o que a outra pessoa faria, mas não precisava. Uma vez que o engajamento começava, eu aplicava pressão, dor e desconforto para forçar um erro e, assim, dar meu golpe final.

Aos 17 anos com a faixa marrom, eu estava chegando perto de Rolls. Quando, finalmente, o venci no rancho da família, me senti mal e não contei a ninguém. Mesmo que estivesse me tornando

melhor que ele, ainda me via como o Gracie número dois, ali para apoiar Rolls. Parte disso tinha a ver com o fato de ele ser um líder inspirador. Por ser filho ilegítimo do meu tio, foi criado pelo meu pai como um dos seus, e foi Rolls que unificou nossa família quebrada. Ele liderava com amor e aceitação por quem cada um era, e não pensando em quem ele queria que fôssemos.

Ao lutar minha primeira luta profissional, em 1980, eu estava confiante demais, e aprendi uma dura lição a respeito da diferença entre o vale-tudo profissional e o jiu-jítsu competitivo, algo que mudaria minha vida. Segundos depois do sinal anunciando o início, meu oponente, um lutador experiente, grande e assustador, me arrastou para águas desconhecidas e me fez lutar pela minha vida. Até aquele ponto, tudo havia sido apenas teórico, porém, em menos de vinte minutos, aprendi que, às vezes, não nos despedaçamos só física, mas também mentalmente.

Depois disso, percebi que, se meu desejo era ser o melhor dos Gracie, não poderia depender dos outros e deveria ser totalmente autossuficiente. Quem me ensinou isso foi um ex-aluno do meu pai, Orlando Cani, inventor de uma prática física que chamou de bioginástica. Orlando combinou movimento dinâmico com respiração para que os praticantes usassem sentidos e instintos no lugar de cérebro e corpo. Ele me ensinou diferentes técnicas de respiração para lidar com as reações naturais do corpo aos diferentes estados emocionais que podem ser experimentados durante uma luta: medo, pânico, exaustão e excitação nervosa. Tirando meu pai e Rolls, Orlando Cani foi o professor mais importante da minha vida. Ele foi responsável por me ensinar a ver as lutas através de lentes mentais e espirituais.

Fiquei arrasado com a morte de Rolls em um acidente de asa-delta em 1982, aos 32 anos. Ele deixou dois filhos pequenos e uma viúva de coração partido, e minha família nunca mais foi a mesma. Meu irmão Royler foi quem melhor explicou: "Houve uma era antes de Rolls e outra depois dele". Sem nosso chefe, era minha vez de segurar a espada e liderar a geração seguinte de Gracies. Por quase três décadas, fiz isso com todo o coração. Aceitei todos os desafios no ringue, no tatame, nas ruas. E, embora tenha realizado meu sonho de ser o melhor dos Gracie, havia uma coisa para a qual toda a força, estoicismo e calma sob pressão não podiam ter me preparado: a morte do meu filho mais velho, Rockson, em 2000. Meu amado primogênito passara a vida toda voando perto demais do sol, e quando finalmente caiu na terra, não pude pegá-lo. Ainda carrego comigo a dor pela sua perda, e o farei pelo resto da vida.

Por quase três anos, me afundei na depressão e atingi o fundo do poço, onde fiquei até decidir se queria viver ou morrer. Nos meus anos de luto e depressão, busquei motivos para ser feliz outra vez.

E apesar de ter encontrado isso em meus filhos e no jiu-jítsu, nunca mais fui o mesmo.

Não apenas perdi uma parte de mim; minha carapaça de imortalidade e invencibilidade rachou para sempre. Depois da partida de meu filho, não conseguia mais me importar com fama, riqueza e glória. Tudo isso perdeu o brilho. Perder Rockson não só me deixou mais humilde como também me imbuiu de empatia e compaixão, especialmente pelos mais fracos e pelos feridos. Hoje, são essas as pessoas que quero ensinar, e vou passar o resto da vida ajudando-as a encontrar o poder invisível que possuem.

Recentemente tive que invocar o poder invisível do jiu-jítsu para a luta mais importante de todas. Em 2021, minha mão direita começou a tremer sem controle. Quando fui ao médico investigar, ele me indicou um neurologista, que me submeteu a testes físicos e tomografia. Ao voltar com os resultados, o doutor deu o diagnóstico: "Confirmamos que você sofre de Parkinson".

Na vida e no jiu-jítsu, às vezes somos o martelo, e outras somos o prego. Quando nos vemos diante de um desafio inesperado, podemos desistir e nos submeter sem lutar, ou respirar fundo e batalhar. Embora não seja possível reverter os efeitos da doença de Parkinson, não vou ceder nem um milímetro sem lutar. Como aprendi com meu pai, não dá para derrotar alguém que nunca desiste.

Vou morrer quando eu morrer, mas será de pé, e não de joelhos. Até isso acontecer, viverei todos os meus dias com alegria, paciência, amor e esperança. A vida é uma longa jornada em uma estrada cheia de curvas, e ninguém sabe o que vai encontrar na próxima curva ou depois da próxima montanha. Se essa doença é o preço pelo meu sucesso, meu carma irônico, que seja. Vou morrer um homem feliz, porque experimentei a glória e tive o privilégio de ensinar pessoas de todos os tipos a aplicar os princípios básicos do jiu-jítsu às suas vidas.

Tenho muita fé e confiança em minha Guarda Pretoriana. Estou tranquilo em saber que selecionei alguns poucos que atingiram meus mais altos padrões e a quem dei faixas pretas que vão carregar a tradição de minha família muito depois que eu partir. O jiu-jítsu Gracie está a salvo nas mãos dessas pessoas. Um deles é Peter Maguire, coautor de *Respire* e deste livro; alguém que tem sido meu aluno e amigo pelos últimos trinta anos. Eu ensinei jiu-jítsu a ele, e ele retribuiu com lições sobre história, filosofia, política internacional e surfe. Mais recentemente, ele e seus colegas acadêmicos me ajudaram a aprender mais sobre coisas que eu sabia empírica, mas não intelectualmente: a física da alavancagem, a ciência da respiração, o sistema psicomotor do corpo e os neurotransmissores de dopamina. Esse conhecimento me ajudou a criar uma estratégia e visualizar melhor minha luta final contra a doença de Parkinson.

Deus pode tirar minha vida, mas não minha vontade de viver. Espero ser lembrado como um artista marcial que representou o jiu-jítsu com honra, retidão pessoal e respeito. O jiu-jítsu invisível não é feito para transformar pessoas comuns em lutadores da noite para o dia. Não, eu quero ensinar à pessoa comum a trindade e litania do jiu-jítsu, para que ela possa encontrar seu poder invisível.

Capítulo 1

KENSHŌ *

NA ÚLTIMA DÉCADA, FUI ME INTERESSANDO CADA VEZ MAIS POR ENSI-nar jiu-jítsu a quem não é atleta ou lutador, porque são essas pessoas que mais precisam dele. Porém, são as mais difíceis de ensinar, já que não gostam do embate físico do jiu-jítsu. Na verdade, há quem passe a vida inteira evitando qualquer tipo de conflito.

Com amor e compaixão, é possível restaurar a confiança de uma criança que sofreu bullying, de uma mulher que sofreu abuso no casamento ou de uma vítima de estupro. Com o coração aberto, é possível se colocar no lugar da pessoa que se pretende ajudar. Todas as vezes que tento ajudar alguém, preciso primeiro criar uma conexão em meu coração.

Muitos anos atrás, uma limusine com motorista parou na frente da minha academia no Rio. Um homem bem-vestido desceu,

---

* *Kenshō* é um termo em japonês comumente utilizado para descrever uma experiência inicial de iluminação, de despertar para seu verdadeiro ser. [N. E.]

seguido pelo filho de 7 ou 8 anos. Percebi que o pai era grande e forte, confiante, enquanto o filho usava óculos grossos e se sentia desconfortável na interação social.

— Senhor Gracie, trouxe meu filho para que o ensine a se defender. Estou perdendo as esperanças — disse o homem à guisa de cumprimento. — Ele sofre bullying todos os dias na escola e não faz nada! — E o que ele disse a seguir me deixou sem fôlego: — Ele é uma bichinha! Não sei se é menino ou menina!

Imediatamente o interrompi:

— Espera um pouco, senhor! Estou olhando para seu filho, e ele parece um campeão! Na verdade, ele parece ser muito forte.

Como um pai podia fazer isso com um filho cuja vida estava apenas começando? Aquilo me deixou triste e com raiva. Reconheci na hora que o problema não era o garoto. Era a falta de inteligência emocional e a mentalidade insegura do pai. Querendo ou não, ele estava matando o espírito do filho. Minha missão se tornou restaurar a esperança daquele garotinho. Em casos assim, uso o jiu-jítsu para consertar e restabelecer a autoconfiança e autoestima da pessoa.

Ensinar esses alunos sempre me trouxe o máximo de satisfação possível.

— Como vai, chefia? — falei, estendendo a mão. Quando o garoto a apertou, fiz uma careta e disse: — Ai! Calma lá, campeão! Não vá quebrar minha mão! — E me virei para o pai: — Eu disse que ele era forte.

Fiz uma pausa, olhei no fundo dos olhos daquele homem, bem sério.

— Hoje você pode assistir à primeira aula dele, mas não quero mais ver você aqui! A partir de agora, mande o motorista trazê-lo.

O menino olhou para mim pela primeira vez, me estudando, e deu um sorriso malicioso.

Levei-o para o tatame, ajustei o corpo dele para que tivesse uma boa base e o empurrei, ao que ele resistiu com sucesso.

— Quem disse que esse menino é fraco? Ele é forte! — gritei, alto o suficiente para todo mundo na academia ouvir. — Não consigo mexer ele!

No fim da primeira aula, o garoto estava orgulhoso de sua base e por eu ter reconhecido sua força na frente do pai. Mesmo assim, estava tão para baixo que parecia ter medo de sorrir.

O menino voltou na semana seguinte, sozinho, e as aulas de verdade começaram. Claro, ensinei a ele o básico de jiu-jítsu, mas também encarnei o "cara mau", o garoto que praticava bullying com ele na escola.

— Me dá seu dinheiro do lanche! — dizia eu, e avançava em direção à garganta dele.

— Não! — gritava ele de volta, e usava o jiu-jítsu para se defender dos meus ataques.

Logo essa parte da aula se tornou a favorita dele e, conforme o garoto foi ganhando confiança, aumentei a pressão.

— Você é feio!

— Você é mais feio!

— Você é fraco!

— Você é mais fraco ainda!

Em pouco tempo, ele reagia instintivamente às agressões. Eu tinha acordado algo dentro dele e pude ver sua confiança crescer a cada aula.

Meses depois, o pai do garoto apareceu sem avisar na academia.

— Senhor Gracie, não tenho como te agradecer — disse ele. — A escola me ligou hoje para contar que meu filho bateu no garoto que fazia bullying. Este é o dia mais feliz da minha vida. Você mudou meu filho para sempre!

Eu o agradeci por suas palavras, mas também disse a ele que nunca mais ridicularizasse o filho.

Para além de um trabalho, essa experiência me mostrou o poder transformador do jiu-jítsu. Eu não apenas ensinara uma arte marcial ao garoto; eu também lhe dera confiança e autonomia. Muhammad Ali disse uma vez: "É a falta de fé que faz as pessoas terem medo de enfrentar desafios", e eu acredito nisso.

Alguns anos atrás, um psiquiatra junguiano me pediu que desse aula a alguns de seus pacientes mais difíceis. Nenhum deles lutava, ou mesmo praticava esportes. Eram pessoas comuns tentando lidar com traumas severos que continuavam a ter impacto em suas vidas. O primeiro homem tinha sofrido abuso psicológico da mãe a vida toda. Quando nos conhecemos, senti sua raiva e tensão e pude ver isso em seu rosto fechado. O psiquiatra pediu ao Cara Bravo que descrevesse como a mãe o tratava, e ele ficou ainda mais tenso. Estava óbvio que ele ainda era psicologicamente prisioneiro dela, então decidi usar o jiu-jítsu como uma metáfora que o ajudasse a "escapar" do abraço sufocante da mãe.

Primeiro, pedi ao Cara Bravo que se sentasse no chão, o prendi em um mata-leão e falei que, se ele quisesse escapar, tinha que me ouvir e seguir tudo o que eu dissesse. De cara, ele usou toda a força para tentar escapar, mas não conseguiu. Isso o deixou desesperado; ele tentou lutar, mas aí ficou bravo e começou a gritar.

— Me solta! Não quero mais tentar isso!

— Não — respondi calmamente.

— ME SOLTA! — gritou ele, mais alto.

— Eu não vou te soltar. Se quiser sair desse mata-leão, escute bem e faça como eu digo.

O Cara Bravo percebeu que eu falava sério e escutou.

— Primeiro, fique de lado. Vire o queixo para baixo, para proteger o pescoço e continuar respirando. — Quando ele fez tudo isso, eu o instruí a respirar e se acalmar por um minuto. — Você ainda não escapou, mas já resolveu o primeiro e mais importante problema. Está fora do maior perigo — expliquei. — Agora, você vai usar meu poder contra mim. Use o braço para segurar meu pescoço, coloque o ombro no meu rosto e force.

O Cara Bravo empurrou o ombro no meu rosto e, quando me forçou a soltá-lo, um sorriso de verdade apareceu no seu rosto pela primeira vez.

— Posso tentar de novo? — pediu ele. E quis fazer aquilo de novo e de novo.

No fim da aula, o semblante fechado fora substituído por um sorriso. Pedi ao psiquiatra que trouxesse um espelho.

— Olhe para você — falei. — Uma hora atrás, seu rosto estava contraído e fechado. Agora, está em paz.

— Isso é bom — disse ele, olhando o reflexo.

O segundo paciente do psiquiatra era filho de um oficial militar que o dominara e abusara emocionalmente do rapaz. Além de apavorado, ele estava derrotado e triste, e não trazia a mesma raiva do primeiro. Tive que lidar com muito mais gentileza. Primeiro, fiz o Cara Triste ficar de pé, com as costas contra a parede, e me aproximei dele. Quando estava a um braço de distância, pedi que colocasse as mãos no meu peito.

— Agora, quando eu tentar encostar em você — expliquei —, tente desviar minhas mãos!

Estendi a mão para seu peito bem devagar, e mostrei a ele como usar os antebraços e cotovelos para desviar meus golpes. Quando percebeu que conseguia evitar que eu encostasse em seu rosto, senti sua confiança aparecer. Conforme ele foi ficando mais confortável, e se conectou fisicamente comigo, o pressionei um pouco mais. Então, o instruí a gritar "não!" sempre que eu dissesse algo com que não concordava.

—Você é um covarde!
—NÃO!
—Você é fraco!
—NÃO!

O Cara Triste agora defendia meus golpes e, além disso, falava o que pensava e se defendia. Assim como o primeiro paciente, seu semblante mudou por completo depois de uma hora, e a expressão sisuda foi substituída por um sorriso.

Mais recentemente, trabalhei com um mestre enxadrista, um verdadeiro intelectual, que apresentava um problema bem diferente.

Ele tinha um nível de confiança muito alto, mas estava preso dentro da própria cabeça. Pensava demais a respeito de tudo, e sua vida era guiada sempre pelo pensamento, raramente pelo que sentia. Psiquiatras, terapia, remédios, meditação, ioga, álcool, tai chi — ele tentou de tudo, mas nada o ajudou a encontrar o equilíbrio.

Quando apertei sua mão pela primeira vez, olhei em seus olhos e abri meu coração, pensando: *O que esse homem precisa para se sentir mais seguro, tomar decisões e ter autonomia?*

Decidi que meu primeiro objetivo seria despertar seus sentidos, trazê-lo para a realidade física, e atuar em sua insegurança mental. Para mim, uma mentalidade segura é responder espontânea e reflexivamente a qualquer situação. Muitas vezes, em conflitos mentais ou físicos, as pessoas travam como um cervo sob os holofotes e não conseguem enxergar uma estratégia, muito menos colocá-la em prática. Por diferentes razões mentais, físicas ou espirituais, elas estão empacadas.

Xadrez é um jogo que requer muita estratégia, então eu sabia que essa parte do jiu-jítsu faria sentido para esse aluno específico. Não sabia, porém, como ele reagiria à dimensão física da coisa, porque ele estava fora de forma, e sua conexão com seu corpo era tênue, para dizer o mínimo. Quando me movi, vi e senti que o enxadrista não colocava muita fé na capacidade de seu corpo de fazer o que eu pedia. Quando notava que sua mente estava pensando demais, eu parava o que quer que estivéssemos fazendo e o guiava em um exercício simples de respiração. Algumas inspirações profundas e fortes expirações eram tudo o que precisava para trazê-lo de volta a seu corpo e colocá-lo no caminho certo outra vez.

No fim da primeira aula, o enxadrista conseguiu criar uma conexão comigo, mas, ainda mais importante, foi capaz de se conectar consigo mesmo. Em vez de se perder em pensamentos, estava agradavelmente perdido na respiração e no movimento. Depois de apenas duas aulas, meu novo aluno já usava suas vantagens contra meu poder, sua técnica contra minha velocidade e a respiração para lidar com as emoções. Não apenas se movia de modo mais preciso, como também sua capacidade de tomar decisões estava mais afiada, e seu controle emocional havia melhorado. O enxadrista foi embora de Los Angeles com muito mais confiança e fé em seu físico.

A litania do jiu-jítsu — base, engajamento, conexão, alavancagem e timing — deu a ele um entendimento mais profundo de si mesmo e novas ferramentas para resolver problemas, fossem mentais, físicos ou emocionais. Quando nos encontramos pela primeira vez, ele funcionava com uma cilindrada. Quarenta e oito horas depois, com quatro. Dois anos depois, o enxadrista ainda faz aulas de jiu-jítsu uma vez por semana. E, embora faça apenas aulas particulares e, provavelmente nunca vá chegar à faixa azul, está tudo bem para ele. Eu o respeito por seguir entrando no tatame.

Ao coreografar dramas físicos e forçar as pessoas a resolverem os problemas propostos, consigo fazê-las sentir e experienciar os conflitos não resolvidos e as emoções suprimidas que as atrapalham e limitam. As mesmas ferramentas que usam para resolver os problemas físicos podem ser usadas em suas vidas pessoais. Por mais que seja impossível resolver todos os traumas do passado de alguém, pelo menos posso trazer esperança e estratégia para que consigam seguir em frente.

Hoje, o que falta na maioria dos tratamentos de saúde mental no Ocidente — sejam psiquiátricos, psicológicos ou de orientação — é uma relação com o eu físico. Isso vai muito além de um tipo de análise que apenas reconhece o problema intelectualmente e depois o discute. Se posso ajudar uma pessoa nervosa a se sentir mais relaxada do que se sentiu algum dia, estou transformando-a de uma maneira que nenhum terapeuta ou remédio consegue.

Conforme fiquei mais velho, a maneira como me vejo enquanto professor mudou, o que ampliou meus horizontes no jiu-jítsu. Isso me inspirou a criar um currículo simplificado para as pessoas comuns que não têm interesse em faixas coloridas, orelhas quebradas e conflito físico. Mesmo que você não seja um lutador, se sua mente e seu corpo estão em sincronia, você pode tomar decisões melhores e mais confiantes na vida.

Capítulo 2

OS PROTOCOLOS DO JIU-JÍTSU INVISÍVEL

EM TERMOS LITERAIS, "JIU-JÍTSU INVISÍVEL" SE REFERE AOS ASPECTOS técnicos da arte marcial, que não são visíveis a olho nu por serem sutis demais. Por exemplo: se tirar uma foto minha em cima de um oponente, não vai haver muita diferença entre ela e qualquer foto de outro faixa preta do jiu-jítsu em cima de alguém. Porém, a pessoa embaixo de mim perceberia diferenças, uma vez que eu uso ângulos e vantagens para distribuir meu peso de modo a criar uma pressão que precisa ser sentida para ser entendida. No sentido figurado, "jiu-jítsu invisível" descreve a confiança que a prática do jiu-jítsu imbui em muitos de seus praticantes. Um dos primeiros anúncios do jiu-jítsu Gracie dizia: "A autoconfiança e a paz de espírito adquiridas ao aprender jiu-jítsu vão ajudar a resolver o problema da insegurança humana".

Hoje, garanto que cada aluno que eu ensino, independentemente da cor de sua faixa, aprenda minha trindade e litania do jiu-jítsu, e vou pedir o mesmo aos leitores deste livro. Parte enciclopédia e parte texto sagrado, esse conhecimento me foi entregue pela minha família, e sentindo necessidade, adicionei alguns capítulos meus ao livro.

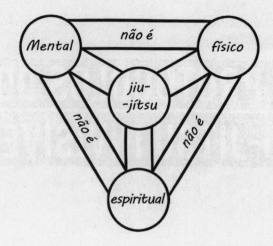

O jiu-jítsu é composto por três elementos interconectados, complementares e igualmente importantes: o mental, o físico e o espiritual. No centro dessa trindade sempre em transformação está o jiu-jítsu. O elemento mental é regido pela mente racional que decifra e responde à informação empírica: se o oponente se virar de costas, o estrangule; se o peso não está distribuído igualmente, passe uma rasteira. O elemento físico é composto pela tarefa que o corpo realiza: mudar a guarda, manter-se montado, dar um soco. O elemento espiritual é o reino das coisas que não podem ser vistas, mas podem ser sentidas: pânico, tolerância, aceitação, esperança. Depois de minha primeira luta profissional, percebi que, se minha performance dependesse muito de apenas um desses elementos, isso me deixaria desequilibrado e eu nunca conseguiria atingir todo o meu potencial como lutador.

Cada um dos elementos da litania do jiu-jítsu — base, engajamento, conexão, alavancagem e timing — tem duas definições: uma literal para o tatame e outra mais figurativa e metafórica para a vida. Sem um entendimento da trindade e da litania, é possível aprender a parte técnica (estrangulamentos, chaves de braço, raspadas etc.), e mesmo assim ter um entendimento raso do jiu-jítsu como arte marcial. Dá para mascarar as deficiências com velocidade, força e poder, mas, ao longo do tempo, essas coisas vão diminuindo.

Base é o conceito mais primário da litania. É um estado de equilíbrio mental e físico que busco manter tanto no jiu-jítsu quanto na vida. Seja de pé ou no chão, sua base representa seu equilíbrio físico. A falta de uma base sólida é como uma árvore sem raízes. Esse conceito não é exclusivo do jiu-jítsu Gracie. As artes marciais japonesas usam o termo *hara* para descrever o centro de um ser. Os samurais acreditavam que é preciso ser "centrado" para encontrar ordem no caos e na confusão da batalha.

Para ter uma base sólida, o praticante de jiu-jítsu precisa ter também a habilidade de distribuir e redistribuir o peso de forma espontânea e inconsciente, sem exagero para mais ou para menos. Por exemplo: se alguém tenta me empurrar, mudo o peso para a planta do pé; se tentam me puxar, me firmo e jogo meu peso para os calcanhares. Mesmo que não seja possível enxergar os ajustes feitos, meu oponente e eu podemos senti-los.

Se meu adversário se move alguns centímetros, preciso me adaptar e ajustar a base, como um barco alterando o curso com a mudança do vento. Às vezes, isso requer apenas mover um pouco o quadril; outras, preciso mover o corpo todo. Parece simples, mas é difícil manter a base, porque ela está sempre mudando. Depois de perdê-la, pode ser complicado reencontrá-la. Neste ponto, ferramentas mentais e espirituais, como aceitação e humildade, são tão importantes quanto as físicas. Não importa que seja um lutador em uma partida de jiu-jítsu ou um advogado no tribunal, o princípio é o mesmo.

Quanto mais rápido você deixar de lado o que está te fazendo perder, mais rápido pode reencontrar sua base. Digamos que eu esteja em cima de alguém e tenha isolado o braço dele em uma chave de braço, e em vez de proteger o braço, o adversário segure minha cabeça e aperte com toda a força, recusando-se a soltar. Embora o mata-leão seja desconfortável, não é uma proteção contra a chave de braço. Em vez de aceitar que precisa soltar minha cabeça para proteger o braço, o oponente força o golpe e se prende à ilusão do sucesso porque não tem humildade para aceitar que a situação dele vai de mal a pior. Não é diferente de um advogado de defesa cujo cliente é preso em flagrante na cena do homicídio com a arma do crime na mão: se o advogado se ativer à ilusão da inocência do cliente, talvez acabe por sentenciá-lo ao corredor da morte.

Quando peço a um aluno que feche os olhos e testo sua base, ele imediatamente sente onde está sólido e onde está instável, vacilante e fraco. Assim que ele sente a base, pode começar a desligar a mente consciente e depender mais da intuição e do instinto, e menos do cérebro. Assim como uma base sólida pode ajudar a contra-atacar a agressão de um adversário no jiu-jítsu com alavancagem e timing, em vez de apenas força, também pode ser importante no dia a dia. Psiquiatras usam o termo "grounded" para descrever alguém com uma base psicológica forte, que está contente com quem é. Essa qualidade os ajuda a analisar informações objetivamente, mesmo que a informação em questão não confirme suas crenças preexistentes. Às vezes, até as ameaçam.

A base psicológica se torna especialmente importante ao lidar com estresse ou conflito. Se for fraca, não haverá segurança suficiente para analisar a informação de forma objetiva. A falta de habilidade de ver as coisas como elas são, e não como gostaríamos que fossem, impede a proatividade. No lugar de interceptar e enfrentar os problemas pequenos antes que se tornem grandes, acaba-se apenas por reagir e, talvez, se recuperar. Se tiver sorte, a vida se torna uma série de recuperações seguidas. Se não tiver, pode-se ir para a direita quando deveria ter ido para a esquerda e acabar falhando catastroficamente.

Uma base forte me permite ditar os termos de qualquer embate. Costumo conduzir um experimento para testar a habilidade de combate dos alunos. Ando vinte passos para trás e peço que imaginem que eu seja alguém desconhecido e se defendam. O modo como lidam com o espaço entre nós me diz bastante coisa. Conforme me aproximo deles devagar, devem firmar uma base sólida, levantar as mãos e se preparar para o combate muito antes de eu me aproximar. Quando não fazem isso, sei que não entenderam uma parte fundamental da litania do jiu-jítsu: engajamento. Isso costuma me surpreender, porque a maioria dos alunos de jiu-jítsu atualmente passa cerca de 90% do tempo treinando no chão e raramente de pé. E não costumam lidar com chutes e socos no rosto, então não entendem de alcance, onde estão vulneráveis ou seguros de golpes. Um entendimento mais profundo do engajamento ajuda a reconhecer os conflitos que podem ser evitados e os que não podem.

Imagine que você está andando por uma rua deserta tarde da noite. Em vez de olhar para os lados, está olhando para o celular.

De repente, a sombra de um movimento no canto do olho o traz de volta ao presente. Um homem enorme e ameaçador saiu das sombras e anda na sua direção. Se você tiver sorte, pode atravessar a rua, não engajar e evitar o conflito por completo. Às vezes, apenas ter sido notado pode ser o suficiente para deter um predador. Porém, neste caso, não é.

E se o homem atravessar a rua atrás de você e começar a segui-lo? Pior ainda, e se ele começar a gritar como um louco e correr na

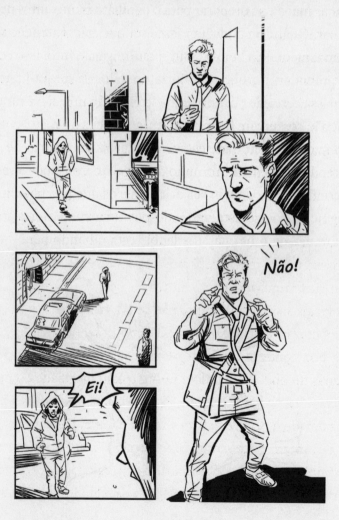

sua direção com velocidade? Gostando ou não, vocês engajaram. Primeiro, é preciso estabelecer sua base, depois levantar as mãos para se defender de golpes, se necessário. Defender-se não significa apenas bloquear energia com energia, força com força. Você pode não só usar a energia do atacante para conter o ataque como também usar ângulos, alavancagem e timing para criar uma oportunidade de contra-ataque.

A conexão pode ser física, mental ou espiritual. Em qualquer um dos casos, é necessário estar mental e fisicamente presente para conectar-se. Se estou conversando com alguém, do momento que nos cumprimentamos em diante essa pessoa tem minha atenção plena. Coisas como linguagem corporal, contato visual ou falta dele, senso de humor e conforto me dizem tanto sobre a pessoa quanto as palavras que saem de sua boca.

Se o atacante tentar me pegar pela garganta, conforme ele se aproxima do meu raio de alcance, levanto os cotovelos e estabeleço uma conexão colocando as mãos no peito dele. Quando ele tentar colocar as mãos no meu pescoço, uso os cotovelos como uma alavanca para levantar os dele. E, quando os cotovelos dele estiverem no ar, passo por baixo de seus braços, em direção às suas costas, e uso minha alavancagem para enforcá-lo. Qualquer força usada contra mim, seja física, verbal, financeira ou intelectual, vou engajar, conectar, contra-atacar e tentar usá-la contra o oponente.

Uma boa conexão também permite o uso de alavancagem em vez apenas do poder. Quando o jiu-jítsu caiu nas mãos do meu pai, ele precisou fazer modificações, já que suas possibilidades eram limitadas devido à baixa estatura e falta de força. Hélio Gracie usava essas "alavancas" para compensar isso. Uma alavanca é uma máquina simples que reduz a quantidade de esforço e força necessárias para levantar uma viga ou realizar o que no jiu-jítsu chamamos de raspagem. A humanidade vem usando alavancas há milhares de anos para potencializar sua força. Os antigos egípcios as usavam para levantar pedras de 2,5 toneladas na construção das pirâmides. A gangorra usada pelas crianças é uma alavanca simples com um ponto de apoio no meio. Se eu mover o ponto de apoio mais perto do que quero levantar, posso mover essa coisa com menos força.

O corpo humano usa alavancas o tempo todo. Ao levantar um peso para fazer o exercício de rosca de bíceps, meu antebraço age como uma alavanca, e as juntas do meu cotovelo servem como o ponto de apoio. Se eu tento agarrar alguém com o pulso dobrado, posso até ser muito forte, mas, sem a alavanca potencializando um punho esticado, não consigo usar essa força. Se esticar o pulso, sinto o poder aumentar de imediato.

No jiu-jítsu, as alavancas que usamos são os membros do corpo ou mesmo o tronco. Por exemplo, a alavanca em um jogar de quadris é o torso superior do meu oponente. Em uma chave de braço, o braço do adversário, da junção do ombro até o punho, é a alavanca.

Quanto mais longe do ponto de apoio do cotovelo do oponente, mais alavancagem consigo e menos força é necessária para esticar seu braço e executar a finalização por submissão. A alavancagem, e a vantagem que ela gera, é também um fato inegável no dia a dia, e pode trabalhar contra ou a favor. Seu chefe pode te demitir, então ele tem vantagem sobre você. Se alguém te deve dinheiro, é você quem tem vantagem. Ao fazer um empréstimo altíssimo, fora do seu orçamento, para comprar uma casa, você fica em desvantagem contra si mesmo.

Alavancagem e timing andam de mãos dadas. Se a técnica for boa, mas o timing for ruim, vai ser difícil acertar um soco, se defender de um golpe ou executar um estrangulamento. Como disse a grande lenda do jazz, Miles Davis: "Timing não é o principal, é a

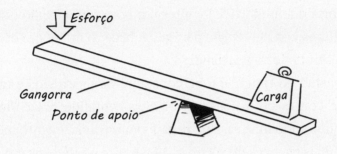

única coisa que importa". Para ter um bom timing, é preciso também ter uma boa percepção para reconhecer o momento oportuno e então agir de forma decisiva.

A questão do timing é uma constante na nossa vida e também trabalha contra ou a nosso favor. Seja tentando fazer um avião voar, comprando uma casa ou pegando uma onda, quanto melhor o timing, mais chances de sucesso. Às vezes, é possível usar o tempo a seu favor fazendo uma pausa estratégica para considerar as opções; outras, é preciso colocar pressão para obter vantagem. Não importa se você está tentando fechar um negócio antes que as taxas de juros aumentem ou finalizando um adversário exausto em uma partida de jiu-jítsu — o princípio é o mesmo.

Capítulo 3

MEDO

A TRINDADE E A LITANIA DO JIU-JÍTSU PERMITEM QUE UMA PESSOA USE os sentidos humanos para lidar com os desafios mais antigos da condição humana, como medo e ansiedade. Essas emoções desconfortáveis vivem em todos nós. Não é necessário estar em um torneio de jiu-jítsu, em uma luta no Domo de Tóquio ou em um campo de batalha na Ucrânia para experimentar esses sentimentos. Cientificamente falando, o medo é causado por uma descarga de adrenalina que ativa no cérebro o mecanismo de luta ou fuga. Como eu disse várias vezes, medo é um sinal de inteligência que vem embutido em todo mundo. Qualquer um que diga que não tem medo estaria mentindo. Em vez de tentar enterrar essa emoção desconfortável, é melhor aprender a lidar com ela.

Ansiedade é mais um sentimento geral de pavor. Não é um fenômeno novo. Tenho certeza de que os chineses se sentiam ansiosos ao verem as nuvens de poeira a distância, sabendo que eram os mongóis se aproximando a cavalo. Os mongóis, percebendo isso, amarraram galhos de árvores ao rabo dos cavalos para gerar ainda mais poeira e, assim, mais ansiedade. Esse tipo de ansiedade estava baseado em uma questão física de vida ou morte, de lutar ou fugir.

No século XXI, as fontes de ansiedade são mais complexas e multifacetadas. Agressores modernos podem atacar por mensagem, e-mail ou posts nas redes sociais. Nos Estados Unidos e na maioria dos lugares, esses sentimentos humanos inevitáveis foram reclassificados como "doenças", "transtornos" ou "síndromes". Muitos vão a psiquiatras e tratam a ansiedade falando a respeito do que acham que é o problema. Outros precisam de uma solução farmacológica temporária, tomando algum dos muitos remédios "ansiolíticos" aprovados pelo governo. Embora esses comprimidos possam diminuir ou mascarar o sentimento, no fim das contas, a causa do problema não foi tratada. A forma como o governo dos Estados Unidos trata os veteranos da Guerra ao Terror é um bom exemplo. Muitos soldados aposentados têm dificuldade de fazer a transição do estado de soma zero de matar ou morrer para o mundo civil, em que uma palavra ou olhar errado pode custar um emprego. Em vez de atuar no espírito dos veteranos e os desafiar com estratégias e objetivos em sua nova vida, o governo prefere sedá-los.

Eu já estive mutilado e paralisado pelo medo e pela ansiedade, e isso me levou a uma das experiências mais transformadoras da minha vida. Precisei aprender como encarar, superar e lidar com a ansiedade e o medo como qualquer pessoa. Assim como meu pai, pensei que estava disposto a morrer para provar que o jiu-jítsu Gracie era a arte marcial mais poderosa do mundo.

E, como filho de Hélio Gracie, as pessoas não só esperavam grandes coisas de mim como também significava que eu andava por aí com um alvo nas costas. Enfrentei muita agonia quando jovem no jiu-jítsu. Além dos meus irmãos e primos não demonstrarem misericórdia no tatame, sempre tinha um cara fortão na academia que queria me colocar no meu lugar.

Minha primeira experiência com o medo irracional aconteceu na academia do meu pai, quando eu nem tinha chegado à adolescência. Um cara grandão me pegou em um mata-leão apertado, e quando tentei escapar, seu Gi quente e fedorento cobriu minha cabeça. Na hora me deu uma sensação de claustrofobia e fui inundado por um pânico de lutar ou fugir. Em vez de escapar calmamente do aperto, como fizera inúmeras vezes, bati no chão em frente a meus irmãos, primos e amigos.

Quando cheguei em casa, envergonhado e sentindo nojo de mim mesmo, sabia que teria que enfrentar meus demônios, então pedi a meu irmão mais velho, Rolls, que me enrolasse no tapete da sala. Disse para me deixar ali dentro por dez minutos, não importava quanto eu gritasse. Conforme o tapete quente e com cheiro de mofo se enrolava em mim, por um momento senti que ia morrer. Pensei na praia, na brisa do mar e em água de coco geladinha. Minha claustrofobia passou quando encontrei conforto na escuridão, e perdi a noção do tempo. Antes que percebesse, os dez minutos haviam passado e meu irmão me tirava dali de dentro. Fizemos isso mais algumas vezes nos meses seguintes, e foi graças a esse desconforto que superei a claustrofobia. Com isso, meu jiu-jítsu começou a melhorar aos trancos e barrancos.

Aos 16 anos, percorri outras academias procurando o desconforto ao treinar com os maiores caras, começando sempre nas posições mais horríveis. Meu pai ensinava meus irmãos e eu no tempo de cada um. Por mais que eu fosse bom, ele só adicionava aos meus ombros o peso que eu conseguia carregar. Às vezes, era quase um pouco além, mas ele sempre estava ali para me guiar. Depois de uma luta difícil, Hélio falava comigo, reconhecia meu esforço e oferecia críticas construtivas. Eu nunca me senti sem esperança ou achei que o desapontava. Até mesmo meu primo Carlson, uma das pessoas mais competitivas na face da terra, conseguia ser gentil e me dar apoio à sua maneira. Nunca me senti jogado aos lobos, porque eu era um deles. Muito antes de ser o alfa do bando, adquiri força, conhecimento e inspiração dos mais velhos.

Meu pai me deu a faixa preta quando eu tinha 18 anos. Eu não perdia uma luta de jiu-jítsu havia quatro anos, e mal podia esperar para lutar minha primeira partida de vale-tudo. Na nossa família, a faixa preta é só o começo. Você vira um oficial, mas de baixa patente, como um tenente do exército. Ao ganhar competições no nível faixa preta, dá para ser promovido a capitão; ao vencer um campeonato mundial, a coronel. Um campeão de jiu-jítsu não é a mesma coisa que um campeão de vale-tudo, porque o jiu-jítsu é bem delimitado. As regras de engajamento são sempre as mesmas, seja no Rio de Janeiro, em Riad ou na Redondo Beach. Vale-tudo, por outro lado, é o que separa os homens dos meninos na família Gracie.

Durante minha infância e adolescência, todos os lutadores de jiu-jítsu, mesmo os que nunca tinham entrado num ringue, usavam o vale-tudo como ponto de referência. Todos os alunos do meu pai sabiam como usar a guarda para se defender de socos, cotoveladas e cabeçadas. Se um dos alunos não fizesse isso, Hélio dava-lhe um tapa para trazê-lo de volta à dura realidade da luta de rua. Se quisesse ser um general respeitado na família Gracie, como meu pai, o primo Carlson ou meu irmão Rolls, era preciso apostar tudo em lutas reais e vale-tudo.

Muito mais selvagem, livre e espontâneo do que o jiu-jítsu ou mesmo o MMA, o vale-tudo requer que o lutador use todo o arsenal de habilidades nas artes marciais. Socos, chutes, cabeçadas, cotoveladas e joelhadas adicionam camadas e camadas de complexidade mental, física e espiritual, sem falar no estresse. No jiu-jítsu, posso ficar por baixo da outra pessoa quanto eu quiser. No vale-tudo, a mesma posição é potencialmente fatal por causa da proximidade entre minha cabeça e o joelho ou o cotovelo do oponente. A intensidade, complexidade e violência, eu viria a aprender, podem ser esmagadoras. Existe apenas um jeito de saber se você está pronto para adentrar essa arena: entrando nela e descobrindo.

No começo dos anos 1980, eu estava na sala do apartamento do meu pai, em Copacabana, quando o telefone tocou. Meu pai atendeu e quando disse "Leopardo" com um sorriso, eu soube que falava de ninguém mais, ninguém menos do que seu antigo aluno e adversário Waldemar "o Leopardo Negro" Santana. Depois da luta deles de quase quatro horas, em 1995, a rixa esfriou e eles voltaram a ser amigos. Após uma longa carreira que incluía lutas com meu primo Carlson, o grande judoca japonês Kimura e pioneiros do vale-tudo, como Euclides Pereira e Ivan Gomes, Santana havia se aposentado das lutas. Naquela época, treinava lutadores e promovia disputas. Estava ligando para saber se conhecia um oponente à altura do lutador de ascendência africana Casemiro Nascimento Martins, que lutava sob o codinome "Rei Zulu". Martins não tinha perdido uma luta em anos, e Santana estava com dificuldade de arranjar alguém disposto a lutar.

— Ele venceu todo mundo no nordeste do Brasil? Não consegue achar ninguém disposto a lutar com ele? — perguntou meu pai, e comecei a implorar a ele que arranjasse essa luta para mim.

— Me coloca nessa, pai! — pedi, e Hélio sorriu.

Sabia que ele estava tão animado para a luta quanto eu. Inicialmente, Santana não quis, dizendo que eu ainda era um adolescente, mas, no fim da conversa, eu tinha uma luta com o Rei Zulu.

CONFORTO NA ESCURIDÃO

Minha primeira luta profissional de vale-tudo seria uma estreia de peso em uma arena grande de Brasília. Tudo o que eu sonhava desde pequeno estava a meu alcance. Estava ansioso para representar minha família e o jiu-jítsu. A realidade caiu sobre mim mais ou menos um mês antes da luta, quando meu pai e eu fomos até Brasília assistir a uma luta do Rei Zulu contra um adversário no mesmo lugar em que seria o nosso embate.

As torcidas em torneios de jiu-jítsu são intensas e animadas, mas a energia naquele vale-tudo era totalmente diferente. Como no Coliseu romano, os espectadores estavam ali por sangue e violência. Algumas lutas que irrompiam nas arquibancadas eram ainda mais interessantes do que aquelas no ringue.

Quando vi o Rei Zulu pela primeira vez, não foi apenas seu tamanho que me impressionou — 1,95 metro de altura e 105 quilos —, ele estava totalmente em forma e parecia ter sido esculpido em granito. Com o soar do segundo sino, ele atravessou o ringue correndo, agarrou o adversário, o jogou de cabeça na lona e bateu nele sem piedade. A luta acabou depois que o Rei Zulu socou o olho do oponente com tanta força que ele não podia continuar.

E embora eu tenha voltado para o Rio ansioso, estava com mais medo de *sentir* medo do que qualquer outra coisa. Em vez de enfrentar o que sentia, escondi atrás de bravata. Assim, quando voltei a Brasília um mês depois para enfrentar Zulu, eu não estava espiritualmente preparado. Na noite da luta, enquanto caminhava do vestiário para o ringue, parecia que os espectadores me olhavam como se eu fosse um rato pronto para ser servido a uma jiboia. Lembro vividamente de ter sentido mais pena do que hostilidade vindo deles. Passei por uma senhora que disse: "Que caralhos! Ele é só uma criança!". Eles estavam esperando um sacrifício humano e não uma luta.

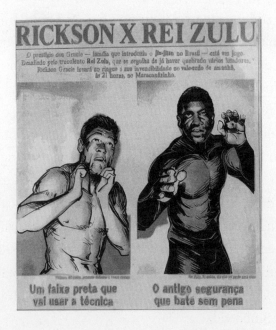

O Rei Zulu andava calmamente, passando por mim até o ringue. Ele era tão grande, musculoso e ágil que parecia mais um cavalo do que humano para mim. Mesmo impressionado com sua altura e força, eu não estava intimidado. Afinal de contas, minha principal referência de lutador era meu pai, com 1,70 metro e pouco mais de 60 quilos. Se ele conseguia lutar com homens 20 quilos mais pesados por horas a fio, eu também conseguiria.

Só tinha um pequeno problema: eu estava pronto mental e fisicamente, mas não tinha me atentado ao componente espiritual da trindade do jiu-jítsu, porque ainda não estava preparado para me entregar ao destino. Minhas visualizações pré-luta haviam sido superficiais, vitórias rápidas e triunfantes, na maioria das vezes. Isso teve um impacto enorme no meu desempenho.

O segundo sino soou e o Rei Zulu atacou. Não me movi até o último segundo, então, dei-lhe uma forte joelhada no rosto com tudo o que tinha, e acertei bem no alvo. Até hoje, nunca bati em alguém com tanta força, e naquele momento jurava que tinha nocauteado meu adversário e que minha primeira luta de vale-tudo tinha terminado.

Nunca havia imaginado, muito menos visualizado, o que aconteceu em seguida. Como um monstro de filme de terror que não pode ser morto, o Rei Zulu se levantou da lona, cuspiu sangue e dentes, e me atacou de novo, como se nada tivesse acontecido. Dessa vez, ele me levantou e me jogou para fora do ringue de cabeça. Pouco antes de atingir o concreto, segurei nas cordas, as pernas passando por mim, e caí de pé. Totalmente abalado pela intensidade da luta, o medo começou a aparecer e me perguntei onde tinha me enfiado. Antes que o sentimento se espalhasse, estava de volta ao ringue e lutava pela minha vida.

Depois de uma breve confusão, meu oponente me prendeu em um mata-leão brutal. Por um segundo, achei que minha cabeça ia explodir, mas permaneci calmo. Quando diminuí a pressão no pescoço, improvisei um jeito de escapar e segurei as costas do Rei Zulu.

MEDO

Estava ensaiando um estrangulamento, mas ele escapou, ficou de pé, me levantou e jogou para fora do ringue outra vez! No restante do round, trocamos joelhadas, cotoveladas, chutes nos rins e cabeçadas. Minha primeira luta profissional foi um grande borrão de ação ininterrupta, uma guerra total. Nenhum de nós se segurou, e eu bati tanto quanto apanhei.

Foi só no fim do round, quando voltei a meu canto do ringue, coberto pelo sangue do Rei Zulu, que o medo se espalhou por mim como fogo na grama seca, me consumindo. Em retrospecto, consigo enxergar que não estava indo mal, muito menos perdendo. A ação era tão intensa que minha cabeça não pôde se dar ao luxo de perder o foco.

Estava tão emocionalmente sobrecarregado que me convenci de que o Rei Zulu era invencível.

— Pai, jogue a toalha! Não consigo mais! — implorei, mas ele foi esperto e me ignorou.

Hélio, o veterano de muitas batalhas mais sangrentas, via a luta por outro ângulo.

— Você está indo bem! — disse ele, calmamente. — Ele está mais cansado que você.

— Pai! Tô falando sério, não consigo mais lutar! — protestei.

Enquanto discutíamos, meu irmão Rolls jogou um balde de água com gelo na minha cabeça, e o choque me botou nos eixos. Quando o sino soou, fui até o centro do ringue com apenas duas opções: matar ou morrer.

No começo do segundo round, percebi que ele estava menos agressivo e se movendo mais devagar. Foi quando caiu a ficha. Meu pai tinha razão! Meu adversário aparentemente invencível estava sem combustível e tentando descansar. Isso restaurou minha esperança e confiança, e ataquei. Em pouco tempo, derrubei o Rei Zulu, subi nas costas dele e o estrangulei até ser parado pelo juiz. De repente a luta acabara, e eu tinha vencido meu primeiro vale-tudo por submissão.

Embora a luta tenha durado menos de vinte minutos, foram os vinte minutos mais longos da minha vida. Depois de tudo, estava aliviado, mas não estava feliz. Para mim, a vitória tinha um gosto agridoce, por conta do meu lado obscuro, minha negatividade, que quase tinham me custado a luta. Não dormi bem naquela noite. Fiquei me revirando na cama, brigando comigo por ter amarelado na pior hora possível.

O que ficou evidente para mim durante aquela noite insone foi que eu era meu pior inimigo. Quando as coisas realmente importavam, eu não só não confiava em mim como também não confiava no meu pai e, pior ainda, no meu jiu-jítsu. Teria que enfrentar a dura realidade de que meu pai e meu irmão tinham me salvado da derrota ao me pressionar além do que eu pensava ser meu limite. Se eles não estivessem ali, eu teria desistido.

Depois da luta com o Rei Zulu, percebi que eu era um lutador superficial. Embora estivesse física e mentalmente preparado, não estava espiritualmente pronto para aceitar qualquer que fosse o resultado de uma luta. E embora acreditasse 100% em mim, era apenas com a mente racional. Acreditava na minha habilidade de engajar, derrubar e enforcar Zulu. Porém, essas eram apenas tarefas físicas e mentais.

Foi preciso mergulhar profundamente e quase me afogar para compreender a gravidade de uma luta de vale-tudo. É impossível entender ou se preparar para esse tipo de pressão até ser exposto ao calor escaldante de algo assim. Tudo era apenas teoria até o Rei Zulu me pressionar ao limite da minha habilidade de uma maneira que ninguém nunca tinha feito. Tive a sorte de ter guerreiros experientes, como meu pai e meu irmão, para me guiar pela escuridão e de volta à luz.

No começo de minha carreira como lutador profissional, queria estar com meu pai, meu primo Carlson e meu irmão Rolls no panteão da família de grandes lutadores. Seguia seus diferentes exemplos religiosamente, mas percebi que tinha chegado ao fim do caminho pavimentado pelos meus ancestrais. Dali em diante teria que abrir minha própria trilha se quisesse atingir meu potencial completo e me tornar o melhor dos Gracie. Depois da dolorosa experiência em Brasília, queria me reinventar e crescer como guerreiro.

Capítulo 4

NÃO PENSE, SINTA

NOS DIAS DEPOIS DA LUTA, PERCEBI QUE MINHA MENTE HAVIA ME traído e entendi quanto minha mentalidade era importante para crescer como lutador. Depois de reavaliar tudo o que achei que sabia até aquele momento da vida, minha primeira tarefa era confrontar e vencer o inimigo em minha cabeça. Rapidamente, graças a um ótimo professor, minha reinvenção se transformou em uma evolução.

Orlando Cani era um ex-aluno do meu pai que tinha desenvolvido uma metodologia e prática para melhorar a performance física humana. Ele não acreditava que a mente controlasse o corpo sozinha, e tinha uma visão mais holística que levava em conta o estado emocional, mental e espiritual da pessoa. Depois de minha luta com o Rei Zulu, essa ideia pareceu fazer sentido para mim.

A humanidade moderna foi ensinada a pensar em vez de sentir, e por isso Orlando acreditava que havíamos levantado uma barreira artificial entre o cérebro e o corpo. Para um atleta atingir todo o potencial, esse muro precisava ser demolido. As ferramentas mais importantes que ele usava na demolição eram rotinas de movimento que combinavam técnicas de ioga, tai chi, Kempo e dança, com diferentes técnicas de respiração muito consciente.

O amplo conhecimento de Orlando a respeito de esportes me impressionou. Ele não apenas falava de ioga, judô, capoeira, tai chi, dança moderna ou jiu-jítsu: ele praticava todos, e muito bem. Ele já fora um atleta em âmbito mundial, competindo na natação e ginástica durante a faculdade, na qual estudou Educação Física. Depois de formado, juntou-se ao exército como paraquedista, passando a competir no pentatlo militar. Essa competição consistia em uma corrida de 8 mil metros, diferentes tipos de tiro (velocidade, precisão e longa distância), uma prova de 500 metros com obstáculos, natação utilitária de 50 metros com obstáculos e lançamento de granadas.

NÃO PENSE, SINTA

Os pentatlos militares acontecem durante dias, então é extremamente importante que o competidor mantenha o equilíbrio psicológico durante todo o evento. Para se tornar um pentatleta de ponta, é preciso ser capaz de se reerguer rapidamente depois de falhar. Nem todos os atletas são bons em todas as provas. Só porque você é campeão na natação, não significa que vai ser campeão na corrida. Isso levou Orlando à conclusão simples, mas brilhante, de que o que separava os bons dos grandes atletas era a habilidade de se recuperar do fracasso.

Depois de vencer seu segundo campeonato mundial de pentatlo militar, Orlando se aposentou das competições, e foi quando se voltou à jornada espiritual. Primeiro, viajou até a Índia para estudar com Shri Yogendra, o pai da ioga moderna. Lá, aprendeu a arte marcial indiana de mais de dois mil anos chamada Kempo (também conhecida como *Kalari payattu*), e treinou nos monastérios que ainda a praticavam. Tanto um modo de vida quanto uma arte marcial, os praticantes de Kempo estudam luta, cura, ioga, astrologia e filosofia. Diferente do tai chi, que Orlando também estudou, essa arte marcial não busca apenas imitar os movimentos dos animais; os praticantes tentam sentir como o animal, levar-se pelos instintos e, assim, recriar seus movimentos.

De volta ao Brasil, Orlando foi estudar dança e viu muitas similaridades com as artes marciais. Não importava se fosse dançando, lutando, cantando ou atuando, a equação era a mesma, porque todas essas atividades requerem que a mente e o corpo trabalhem juntos sob pressão. Para ele, são todas "expressões corporais" inconscientes e espontâneas.

Se um animal se vê em uma tarefa física difícil, como um pelicano caçando centímetros acima de uma onda quebrando, ou um morcego voando em uma caverna escura, nenhum deles está conscientemente pensando no que faz. Estão agindo e reagindo inconscientemente às informações que os sentidos trazem. Essas formas inexplicáveis de movimento inconsciente levaram Orlando a repensar a performance atlética.

Na primeira vez que fui até o estúdio de Orlando Cani, notei que a maioria dos alunos era de dançarinos, atores e pessoas normais. Se não fosse pelas escadas nas paredes, pareceria com qualquer outro estúdio de dança ou ioga. Meu novo professor me cumprimentou calorosamente e, quando apertou minha mão e me olhou nos olhos, senti que não era apenas um grande atleta, era também uma pessoa muito sensitiva e perceptiva. Já passado dos 50 anos, meu professor tinha a energia de um jovem com metade de sua idade e estava em excelentes condições físicas.

Quando a aula começou, fiz o meu melhor para copiar os movimentos do professor, seguir com a energia e me expressar como um animal guiado somente por instintos. Isso requereu toda a minha concentração, e em pouco tempo eu estava exalando e pegando impulso no chão como uma águia levantando voo, inalando e caindo no chão, deslizando de barriga como uma cobra. Gostei

especialmente das mudanças de tempo e dos ritmos quebrados da bioginástica. Não importava o que estivesse fazendo — se era leve ou pesado, devagar ou rápido —, sempre estava respirando. Fiquei tão imerso nos movimentos que entrei em um estado meditativo e, rapidamente, meu subconsciente tomou conta da mente e do corpo.

No fim da aula, Orlando veio falar comigo.

— Rickson, você está muito avançado para esta turma. Respeito o que está tentando fazer e quero te ajudar a alcançar todo seu potencial como artista marcial. Quero te dar aulas particulares.

Todos os dias começávamos as aulas às 14h, e por volta das 14h10 eu já havia deixado o universo consciente para trás.

Pelas semanas que se seguiram, meu professor montou respirações coreografadas e rotinas de movimento feitas para desenvolver minha criatividade como lutador. Algumas das rotinas eram baseadas em macacos e felinos, que usam muito as patas traseiras e dianteiras, assim como eu uso os pés e as mãos no jiu-jítsu. Imitei os movimentos em zigue-zague das cobras, porque elas se movem contraindo os músculos ao longo de todo o corpo, assim como eu uso meus braços, pernas e abdome para me mover no tatame. Cobras também precisam sempre redistribuir o peso para as áreas em que seus corpos podem obter apoio e impulso. De novo, meu objetivo não era apenas imitar os diferentes movimentos dos animais, e sim sentir como se fosse eles enquanto me movia.

Mais importante do que isso, Orlando me ensinou a silenciar as vozes do ego, do medo, do excesso de confiança e da raiva na minha cabeça, de modo que esses produtos da minha imaginação não pudessem nublar minha percepção. Meu professor queria que eu lutasse de um jeito natural e espontâneo. Para isso, precisava ver as coisas como elas realmente eram, e não como eu queria ou esperava que fossem.

O sistema psicomotor controla tanto as funções mentais do corpo (percepção, atenção, tomada de decisão e memória) quanto as habilidades físicas corporais (movimento, força, coordenação e velocidade). Durante a luta com o Rei Zulu, meu sistema psicomotor estava tão agitado que eu não conseguia perceber e decifrar informações com precisão. Depois que meu cérebro teve a chance de se acalmar, o sistema psicomotor conseguiu encontrar equilíbrio suficiente para ver e sentir que o adversário estava exausto. Ao perceber isso no ringue, minha confiança voltou, e ganhei a luta rapidamente.

Orlando acreditava que a habilidade de se concentrar era algo que muitos atletas, especialmente lutadores, deixavam de lado. Por concentração, porém, ele não se referia a pensar e analisar intelectualmente cada movimento durante a luta. Na verdade, dizia o oposto, porque o estresse emocional de pensar pode liberar uma descarga de adrenalina, que dá início a uma reação em cadeia negativa.

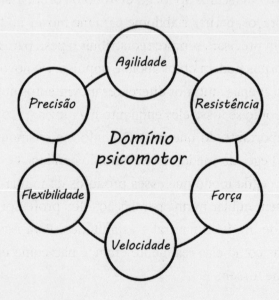

Se estou nervoso, coloco as emoções de volta nos eixos respirando devagar. Se quero aumentar o ritmo, não é minha mente que diz ao corpo para acelerar, é minha respiração mais profunda e rápida. Ao usar diferentes técnicas de respiração, Orlando me ensinou como mitigar emoções fortes como medo, pânico e claustrofobia, e a focar no que estava à minha frente, não dentro da minha cabeça.

Capítulo 5

RESPIRE

UM SER HUMANO PODE SOBREVIVER SEMANAS SEM COMIDA E DIAS SEM água, mas não pode ficar cinco minutos sem ar. Orlando chamava o ato de respirar de ciclo da vida. O corpo humano funciona como um motor de combustão interna. O oxigênio (O_2) que inalamos serve de combustível, e o dióxido de carbono (CO_2) é o resíduo que exalamos. Um grande atleta que não sabe respirar direito ainda pode correr rápido ou lutar bem, mas será como um carro movido a gasolina diluída.

Ao inalar pelo nariz, o ar segue pelo tubo de vento (traqueia) e, em seguida, através de dois tubos, os brônquios primários, que o levam até cada um dos pulmões. Dentro deles, o brônquio vira bronquíolos menores e depois alvéolos. Como centenas de milhares de cachos de pequenas uvas, os alvéolos são pequenos sacos esponjosos revestidos de vasos sanguíneos chamados capilares. Quando os alvéolos inflam com ar, acontecem trocas gasosas, e as células vermelhas do sangue, que estão desoxigenadas, se tornam oxigenadas. Durante o mesmo processo, o CO_2, produto residual, é removido.

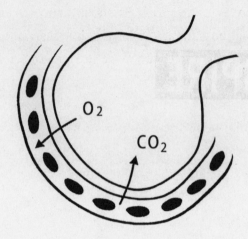

O sangue recém-oxigenado viaja dos pulmões por meio das veias pulmonárias para o lado esquerdo do coração (artéria e ventrículo esquerdo), que o bombeia para o restante do corpo. Ao mesmo tempo, o resíduo produzido pelo corpo, o CO_2, é exalado pelos pulmões.

Orlando Cani me ensinou a diferença de uma respiração profunda, com o diafragma, e a respiração curta, de pânico, do peito (respiração torácica). Quando um animal, especialmente o humano, sente que precisa se preparar para agir, começa a respirar rápido e curto (hiperventilação). A respiração curta pelo peito é ineficiente e um dos fatores que dispara o gatilho de adrenalina do mecanismo de luta ou fuga. Hiperventilação também pode alterar o pH do corpo e causar tontura e confusão (alcalose respiratória e hipoperfusão).

Privação de oxigênio é mortal para um lutador porque oxigênio é a principal fonte de combustível do sistema nervoso central (cérebro, medula espinhal, células nervosas). Quando o corpo para de alimentar o cérebro com oxigênio (hipoperfusão cerebral), acontece confusão e desorientação. Se um lutador não consegue pensar direito, vai acabar tomando decisões ruins. Se isso não fosse o suficiente, caso um atleta não obtenha oxigênio o bastante durante atividades intensas, começará a produzir ácido láctico nos músculos, e o desempenho máximo se tornará impossível.

Embora inalar seja uma ação de reflexo, inconsciente, exalar requer uma contração consciente dos músculos respiratórios (intercostais internos, reto abdominal, oblíquos externos e transverso abdominal). Inalar pode ser relaxante, mas exalar esvaziando os pulmões por completo requer um grande esforço, e é preciso forçar a musculatura. Ao inalar, o diafragma, aquele músculo grande e em forma de cúpula que fica logo abaixo dos pulmões, contrai e se achata. Ao exalar, o diafragma relaxa e volta ao formato original de cúpula. A cavidade torácica encolhe, aumentando a pressão nos pulmões e permitindo que o ar seja expelido passivamente pelas narinas.

Se estou fazendo exercícios de alta intensidade por um longo período e com dificuldade, foco em contrair o diafragma, o que empurra a parede abdominal para fora. Ao achatar o diafragma, aumento a cavidade torácica. Quando minha caixa torácica expande e se eleva, cria um efeito de sucção que puxa ar fresco, rico em O_2, para as narinas, maximizando minha inalação. É esse ar rico em O_2 que oxigena e desoxigena as células vermelhas. Aí, para me livrar do CO_2, faço a contração dos músculos internos (intercostais,

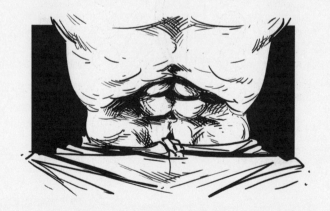

abdominais e oblíquos). Isso faz o diafragma se movimentar em direção aos pulmões, diminuindo a cavidade torácica e forçando o ar para fora dos pulmões, de modo que todo o CO_2 da corrente sanguínea seja exalado.

Se meu objetivo é me esforçar ao máximo, respirarei diferente de quando preciso me recuperar. Assista a qualquer jogador profissional de tênis e veja que eles exalam no exato momento que acertam a bola. Isso serve não apenas para dar mais impulso ao movimento; essa exalação ajuda a diminuir a tensão do corpo. Ao usar o estômago e o diafragma, os jogadores estão ativando o sistema nervoso parassimpático. Essa rede de nervos ajuda a acalmar o corpo durante e depois de períodos de estresse. Uma vez ativado, o coração e a respiração ficam mais lentos, a pressão sanguínea diminui e o corpo começa a relaxar e se recuperar.

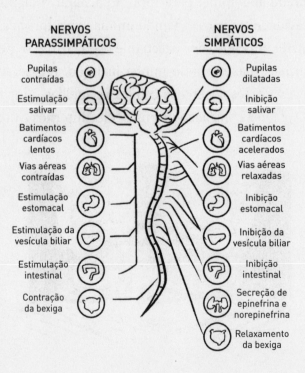

Orlando me ensinou como entrar em um estado meditativo em contato com meus instintos mais primitivos de uma maneira que transcende minha compreensão intelectual. Uma vez nesse estado, vivo apenas no momento, sem raiva, expectativas, frustrações ou apreensões. Ao aplicar as técnicas de respiração de Orlando em meus treinos de jiu-jítsu, notei os efeitos de imediato. Não precisava mais parar para me recompor.

Ao mudar as rotinas de respiração, meu cérebro mandava uma mensagem subconsciente para meu corpo: reduza a marcha. Era como dirigir um carro 4x4 na areia. Quando se perde tração, é possível acelerar e, com sorte, seguir em frente com tudo. Porém, também pode acontecer de o carro superaquecer ou atolar. A respiração consciente me ajudou a reduzir a marcha durante o percurso. Assim, conseguia vencer a fricção de uma luta sem estresse desnecessário. Respirar também me deu uma sexta marcha para ultrapassagem, algo que nenhum dos meus oponentes tinha, e isso me deu mais confiança de que nenhum deles conseguiria me ultrapassar. Eu era capaz de colocar toda a minha energia focada em

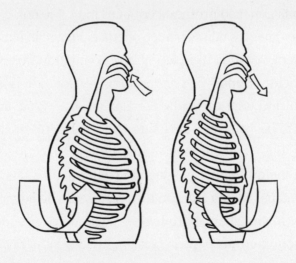

CONFORTO NA ESCURIDÃO

maximizar oportunidades ou reduzir falhas. Em qualquer um dos casos, todas as minhas ferramentas mentais, físicas e espirituais estavam a meu dispor.

Às vezes, voltava das aulas de Orlando tão obcecado com minha respiração que tentava preparar o jantar com o mínimo possível de oxigênio. Depois de esvaziar os pulmões por completo, quebrava os ovos e me permitia inalar apenas uma pequena quantidade de ar. Essa agonia autoinduzida era necessária porque meu objetivo era normalizar o sentimento de pânico induzido por estar à beira da inconsciência. Para lidar com esse nível de desconforto durante uma luta difícil, precisava de recursos que não estariam disponíveis sem treino e desenvolvimento. Ao me manter nesse estado de agonia, aumentei exponencialmente minha habilidade de encontrar conforto em qualquer situação.

Graças a Orlando Cani, eu sentia que era um piloto na cabine de comando. Primeiro, fazia minha checagem pré-voo, depois ligava os motores, verificava os medidores, acelerava e decolava. Uma vez no ar, escutava meu motor inconscientemente, mantendo um olho na bússola e ajustando a rota e aceleração sem pensar.

Criei uma conexão profunda com Orlando. Ele colocava em palavras e movimentos coisas que eu sentia e conhecia, mas não sabia explicar. Sempre tinha treinado muito, competido nos níveis mais altos e vencido. Depois de treinar com ele, notei de imediato que tinha adquirido uma capacidade maior de observar e analisar pequenos detalhes durante uma luta. Não melhorei apenas minha percepção, mas também meu tempo de reação, o que me trouxe uma gama maior de opções. Quando treinava, uma das coisas que passou a chamar minha atenção foi a respiração do adversário. Isso me deu outra vantagem, porque algo pequeno como uma respiração mal cronometrada pode deixar um lutador vulnerável.

Quanto mais eu assimilasse elementos mentais, físicos e espirituais da trindade do jiu-jítsu, mais difícil seria me derrotar. Era grato a todos os Gracie que vieram antes de mim e adicionaram elementos ao jiu-jítsu. De uma maneira divina, me servi da resiliência de Hélio, da agressividade de Carlson e da força de Rolls. No começo da década de 1980, eu tinha mais atributos do que qualquer um deles.

Curiosidade, humildade e gratidão me permitiram alcançar um novo nível de desempenho. Para crescer, tive que admitir o que não sabia. Dali em diante, podia enfrentar qualquer problema e encontrar a solução. Eu me tornara uma pessoa e um lutador muito mais criativo e curioso. O verdadeiro teste veio em 1984, quando o Rei Zulu me desafiou para uma revanche na minha cidade natal. Estava na hora de descobrir, no ringue, quanto eu tinha melhorado.

Capítulo 6

O ASSASSINO
SEM SENTIMENTOS

EM 1984, NO VESTIÁRIO DO ESTÁDIO DO MARACANÃ, RIO DE JANEIRO, logo antes da minha luta com o Rei Zulu, eu me sentia completamente diferente de como era quatro anos antes em Brasília. Desta vez, antes de entrar no ringue, fiz uma oração e agradeci a oportunidade de representar minha família e o jiu-jítsu. Não tinha expectativa de ganhar ou perder. O único pensamento consciente era que eu ia em direção à batalha e estava resignado com meu destino. Estava espiritualmente preparado para sacrificar minha vida e provar que o jiu-jítsu Gracie era a arte marcial mais completa e eficiente do planeta.

Quando finalmente me vi diante do Rei Zulu, minha mente estava em branco e meu subconsciente tomava as decisões. Diferentemente da primeira luta, meu adversário veio do canto dele muito mais cauteloso. Evidentemente, ele me bateu, socou e cabeceou, mas nada disso me abalou.

Passei a maior parte do primeiro round de dez minutos de costas, com o cara gigante dentro da minha guarda, tentando me socar

e dar cabeçadas enquanto eu o chutava nos rins com o calcanhar. No fim do round, voltei a meu canto sem sentir medo ou pânico, sabia que meu adversário estava ficando sem combustível. Quando o sino soou e começou o segundo round, o Rei Zulu começou a fazer caretas para mim e a brincar com os espectadores. Ao vê-lo andar pelo ringue com as mãos ao lado do corpo, como um

soldadinho de madeira, soube que Zulu tentava ganhar tempo para se recuperar, então ataquei, acertando o joelho em seu estômago e o jogando no chão. Em menos de três minutos de round, o Rei Zulu cometeu um erro fatal ao segurar minha cabeça e tentar me prender em um cachecol, golpe de judô improvisado (*Kesa Gatame*). Não apenas era uma posição da qual eu já escapara inúmeras vezes, como é muito difícil de manter quando seu adversário está todo suado e não usa um Gi.

Apesar da grande pressão que o Rei Zulu colocava no meu pescoço e cabeça, eu sabia que seria apenas temporário. Meu objetivo não era escapar, e sim proteger o pescoço, a parte mais vulnerável do corpo. Em certos momentos, quando estamos presos, em vez de usar toda a energia para tentar escapar, é preciso aceitar e aguentar até que surja a oportunidade de escapar. É isso que quero dizer com encontrar "conforto no inferno". É mais um estado mental e espiritual do que físico.

Como um cachorro distraído por um osso, o Rei Zulu estava tão focado em esmagar minha cabeça que não percebeu quando prendi a perna na parte externa de sua coxa. A combinação do ângulo com a alavanca me permitiu revidar o golpe. Quando minha cabeça finalmente se libertou, aproveitei para estrangulá-lo pelas costas. Segundos depois, ele bateu no chão e a luta acabou.

Naquela noite no Rio, minha habilidade alinhada com meu cérebro, meu corpo e meu espírito me elevaram a um novo nível de desempenho. Eu não apenas não sentia mais medo, tensão e ansiedade; graças a Orlando Cani, agora também conseguia identificar as fontes dos sentimentos e tinha as ferramentas para lidar com eles. O estresse mental, físico e espiritual que experimentara na nossa primeira luta se fora. A harmonia entre minha mente, meu corpo e meu espírito foi o que permitiu dar um curto-circuito nas reações naturais sob extrema pressão.

Trabalhar minha relação com o medo trouxe uma grande vantagem nos anos que se seguiram, conforme as pressões sobre mim aumentavam. Falsa confiança é extremamente perigosa para quem luta. Geralmente, aparece durante os primeiros engajamentos mais difíceis, e depois é substituída por um medo dilacerante. Em vez de esconder ou negar meu medo, reconheci sua existência e o deixei no vestiário.

Pânico, claustrofobia e medo da derrota se tornaram problemas gerenciáveis. Ao aceitar a morte, comecei a viver de verdade. Como disse Sun Tzu: "Se você conhece o inimigo e conhece a si mesmo, não precisa temer o resultado de cem batalhas". Agora, eu me conhecia, e era um estrategista calculista e um assassino sem sentimentos.

Depois de minha vitória contra o Rei Zulu, em 1984, quis lutar contra os adversários mais perigosos que conseguisse encontrar. Não ligava se tinham 100 quilos a mais do que eu ou se lutávamos sem regras ou limite de tempo. Queria me testar e provar que era o melhor Gracie de todos.

Antes de missões de combate, as equipes dos fuzileiros Navy SEAL visualizam e repassam cada passo de suas missões potencialmente fatais. Discutem todos os cenários possíveis — bons, ruins, hediondos — e como lidar com cada um deles. Embora torçam pelo melhor, também se preparam para o pior.

Em geral, eu fazia algo parecido e visualizava lutas com lutadores de kickboxing, sumô e campeões do boxe. Um lutador no qual sempre pensava era Mike Tyson. Mais novo do que eu, nossas carreiras estouraram mais ou menos ao mesmo tempo. O poder e a

O ASSASSINO SEM SENTIMENTOS

técnica de Tyson me impressionavam, assim como seu instinto assassino. Sabia que, provavelmente, eu não conseguiria ficar parado no meio do ringue e trocar socos com Iron Mike. Meu maior medo era a mão direita que ele usava para executar seus violentos uppercuts e golpes no restante do corpo.

Em meus devaneios, eu me imaginava preenchendo a brecha letal, minha maior vulnerabilidade à mão direita de Tyson, com um violento chute *pisão* em seu joelho dianteiro. Meu objetivo seria fazê-lo tirar seu peso do pé dianteiro para se defender do chute. Assim, ele estaria com a base comprometida e não estaria "pronto" para lançar um soco letal. Seria minha oportunidade de derrubá-lo ou morrer tentando, e exigiria meu comprometimento total. Mesmo tomando um soco, teria que lidar com isso e seguir atacando. Também me distraía com pensamentos menos divertidos de Tyson me acertando com um de seus golpes de estourar o baço e outras combinações violentas. O melhor que podia esperar num cenário desses era aguentar firme, me recompor e guardar energia suficiente para continuar meu ataque.

Às vezes minhas visualizações iam para lugares mais profundos e eu me via como um leão, escondido acima de um poço de água na savana africana. Observando zebras, gnus, elefantes, avestruzes e búfalos, vejo um antílope se desgarrar do bando. Antes que perceba, estou andando silenciosamente contra o vento, escondido pelo mato alto. Conforme me aproximo da presa, minha mente está calma; todos os meus movimentos são sem emoção e 100% focados em matar a caça. Meu desejo de matar é primitivo e inegociável.

Chego tão perto do antílope que posso ouvir seus dentes triturando a grama que mastiga. Quando pulo da cobertura do mato,

a presa salta no ar e evita o primeiro ataque. Ao pousar, enfio as garras em seus quartos traseiros e pressiono. As poderosas pernas traseiras do antílope me chutam no peito e eu recebo o golpe, depois mordo seu pescoço. Ele não quebra, então, aperto o maxilar e esmago sua traqueia. O animal se engasga, luta e lentamente sufoca, enquanto isso meus filhotes surgem da grama. Alguns deles

O ASSASSINO SEM SENTIMENTOS

rasgam a barriga da presa e lutam pelas entranhas, enquanto outros atacam as patas. Logo, os filhotes estão cobertos de sangue e vísceras, e não há nada trágico ou triste em relação a isso, porque é um ato honesto, eufórico, quase artístico. As regras do engajamento no mundo animal são sérias e severas.

Depois de treinar com Orlando, quando lutava, sentia que meus adversários eram o antílope. Eles tinham que lidar com o pior Rickson que podiam imaginar — sem misericórdia, sem amizade, sem favores; matar ou morrer, rápido, limpo e preciso —, como o leão. Eu não queria apenas bater nos oponentes. Queria derrotá-los física e psicologicamente, sem misericórdia ou hesitação.

Capítulo 7

SABEDORIA
IMÓVEL

O MONGE ZEN-BUDISTA TAKUAN SŌHŌ ACREDITA QUE, UMA VEZ QUE AS técnicas de uma arte marcial são aprendidas e aperfeiçoadas, para atingir o estado de verdadeira maestria é necessário desempenhar aquela arte marcial inconscientemente. Em uma carta para o mestre espadachim Yagyū Munenori, Takuan trouxe um ponto importante sobre como a mente humana pode ser traiçoeira em batalha por "se deter" em "qualquer coisa". Ele chama isso de "a aflição do lugar de permanência".

Não é incomum que até mesmo um atirador experiente erre os alvos em combate porque sua mente sofre da aflição do lugar de permanência. Em vez de se concentrar no alvo, ele se distrai com "qualquer coisa". Pode ser algo concreto, como o som de um helicóptero se aproximando ou uma bala zunindo por perto, mas também pode ser algo mais abstrato, como o destino de sua família ou o medo da morte. Em ambos os casos, a mente "se detém" e ele perde o foco, não conseguindo um desempenho de alto nível. Para superar a aflição do lugar de permanência, o monge acreditava que

um guerreiro precisa da "sabedoria invisível", ou da habilidade de agir ou reagir inconsciente e instantaneamente, sem pensar.

As palavras de Takuan Sōhō ressoaram em mim porque o jiu-jítsu e o ato de lutar sempre me foram 100% reflexivos e reativos. Ao me conectar com um adversário, meu cérebro estava relaxado. Às vezes, eu apertava o passo e desafiava o oponente a acompanhar o ritmo; outras, esperava pacientemente que ele cometesse um erro. Essas decisões eram baseadas mais nos meus sentidos e intuição do que em meu cérebro.

Embora eu lembre de momentos de diferentes lutas, essas memórias são recortes. As lembranças mais nítidas de quando o sino soava e eu me conectava com o oponente são borrões de ação, como duas cobras lutando. A coisa pode ir e voltar algumas vezes, mas sempre sabia que, em dado momento, conseguiria impor minha vontade ao adversário. Às vezes, mordia a isca de uma armadilha, em outras aproveitava as oportunidades. Nos dois casos, eu não estava pensando conscientemente, mas seguindo o ritmo e agindo sem hesitar.

SABEDORIA IMÓVEL

Nunca pensei, durante uma luta, a respeito de ganhar ou perder. Depois que o engajamento começava, deixava tudo para trás e minhas estratégias e decisões táticas eram inconscientes. Ao soar do sino, sentia o volume da vida aumentar até o máximo. A velocidade do tempo diminuía e uma sensação de bem-estar me inundava. Nesses momentos fugazes, nada mais importava além de controlar meu corpo, minhas emoções, e resolver o problema à minha frente com comprometimento total. Isso me trazia uma sensação de satisfação pessoal e de plenitude na vida.

Nada além da luta permitia que eu me expressasse e alcançasse todo meu potencial humano e atlético. Não é como participar de uma competição de times com vinte jogos por temporada. Ao perder em um esporte de grupos, sempre dá para colocar a culpa em alguém. Ao perder uma luta, toda a responsabilidade está nos seus ombros, porque o resultado depende apenas de você.

Na maioria das vezes, os desempenhos humanos mais incríveis não são relaxantes ou confortáveis para a pessoa que os desempenha. Seja um piloto de caça em menor número vencendo um combate aéreo, um violonista executando uma sonata difícil, um escalador enfrentando a verticalidade de uma montanha, um surfista atravessando com sucesso um grande tubo — em todos os casos, testa-se todos os limites das habilidades. Todos os pensamentos sobre dinheiro, fama ou glória desaparecem, porque o foco é absorvido pela atividade e o momento.

Cada vez mais os neurocientistas encontram evidências de que atletas que se preocupam com o resultado desejado, seja ganhar uma luta, fazer um gol ou acertar uma bola, têm desempenho pior do que aqueles que não se preocupam. Os pesquisadores concluíram que, quanto mais rápido a parte do cérebro que toma decisões (o córtex pré-frontal) desliga, melhor será o desempenho. Pilotos de Fórmula 1, esgrimistas e boxeadores têm menos de um segundo para receber e processar informação visual. Em seguida, precisam decidir o que dizer à parte do cérebro que envia os impulsos elétricos aos músculos. Como minhas decisões no ringue, essa ação não é analítica ou intelectual; é instintiva, instantânea e intuitiva.

Uma das minhas ferramentas mais importantes, que uso dentro e fora do ringue, é a intuição. Por exemplo, ao entrar em uma escola de artes marciais, imediatamente sei se a energia ali é para cima e positiva, ou se é negativa e para baixo. É como ler o oceano. Em alguns dias na praia, o sol brilha e o oceano é calmo e convidativo. Em outros, com a chuva, a água se torna marrom, a arrebentação da costa quebra na areia seca e há ondas gigantes quebrando a quilômetros no mar adentro. Nesses dias, o oceano diz: "Se você chegar perto, eu vou te foder!". E a maioria das pessoas consegue sentir e respeitar isso, e têm o bom senso de não entrar na água.

Se preciso avaliar uma pessoa, um problema ou uma proposta, faço uma pausa para que meu coração, onde acredito que mora a intuição, absorva e avalie as mesmas informações que meu cérebro. Depois de deixar ambos trabalhar, chego a uma conclusão. Muitas pessoas, especialmente intelectuais, são cautelosos demais com sua intuição e não usam o subconsciente em sua totalidade. Para eles, deixar que o coração vença o cérebro é coisa de bruxaria. Seus cálculos não levam em conta variáveis humanas, como felicidade e tristeza. São friamente racionais, e seus resultados, geralmente bidimensionais.

Minha intuição me dá confiança estratégica e me permite aproveitar as oportunidades. Nunca tive um planejamento fechado ao entrar no ringue. Sempre preferi ter a mente aberta e ouvir, sentir e procurar qualquer pista que meu adversário estivesse me dando sem saber. A estratégia não tomava forma de verdade até engajarmos e eu receber a primeira leva de pistas físicas. Podia ser algo simples como a postura, o olhar ou o ritmo da respiração dele.

Se meu adversário estivesse inflexível, rígido e agressivo, eu ficava calmo, maleável e reativo. Se ele fosse calmo ou passivo, me tornava agressivo. Por exemplo: em uma das minhas lutas profissionais, notei que o adversário estava distraído com a multidão, então, simplesmente saí andando pelo ringue com os braços ao lado do corpo como se trotasse por um parque. Quando ele percebeu que a luta tinha começado, já estava caindo no chão comigo em cima dele.

Um elemento-chave da minha estratégia era romper com as regras de engajamento do adversário. Se ele desferia um soco, eu tentava desviar ou interceptar o golpe, e dava distância para que ele não conseguisse acertar outro soco. Muitos lutadores de jiu-jítsu aprendem boxe e kickboxing para aumentar o nível do MMA. Suas melhorias nos golpes, porém, diminuem a capacidade de usar o jiu-jítsu como arte marcial, porque mudam o alcance, o posicionamento e o jogo de pés. Não acho uma boa troca. Não faz sentido, para mim, que lutadores de jiu-jítsu ou de qualquer luta corpo a corpo confrontem e tentem trocar golpes com lutadores profissionais de boxe ou kickboxing. É como se um cara comum tentasse ganhar de um jogador de sinuca em uma partida de oito bolas. O profissional até pode deixar o cidadão ganhar algumas vezes para aumentar a confiança dele, mas cedo ou tarde vai massacrá-lo lindamente.

A sequência de golpes do lutador russo Khabib Nurmagomedov para derrubar o adversário me impressionava. Qualquer que fosse o golpe que ele adicionasse era para aumentar a habilidade corpo a corpo. Ele tinha uma base sólida em wrestling e sambo. Seus ataques para derrubar eram implacáveis — cima, baixo, clinch, rasteira, arremessar, pé, perna, cintura — e ele nunca parava. E embora chutasse e socasse para mostrar ao adversário que podia lutar a qualquer distância, estrategicamente falando era tudo um jogo de espelhos e fumaça. Khabib nunca deixava de lado a base do conceito de agarrar e era disciplinado o suficiente para se manter na estratégia comprovada. Às vezes, ele até trocava socos para encontrar uma abertura, mas uma vez que levava o adversário ao chão, lá ficava. Não apenas terminava as lutas por submissão como sempre mantinha a integridade de sua arte marcial intacta no processo.

Eu nunca tentava ganhar a uma distância de um braço de um boxeador, porque essa é a distância perfeita para ele. Ficar ali me deixaria desconfortável, e se estou desconfortável, estou perdendo. Algumas vezes, porém, precisei improvisar estrategicamente de um jeito contraintuitivo para resolver um problema momentâneo. Por exemplo, quando lutei com David Levicki, um adversário de 1,90 metro e 120 quilos, que se recusava a engajar. Eu não queria trocar socos, mas precisei fazer isso de modo a criar uma abertura para derrubá-lo. Uma vez no chão, meu problema estava resolvido e pude terminar com ele.

Tipicamente, vou tentar manter o espaço entre meu adversário e eu chutando-o nos joelhos para que não consiga se aproximar o suficiente para um soco, ou vou preencher a lacuna e atacar com tudo. "Preencher a lacuna" e entrar no raio de alcance é sempre a parte mais perigosa de uma luta para quem é do jiu-jítsu. É uma terra de ninguém, que sempre atravessei com cuidado e determinação total. Para chegar do outro lado dessa passagem perigosa, precisão era mais importante do que velocidade. Mesmo que tentasse ir em frente com firmeza, minha velocidade estava diretamente conectada à velocidade e ao tempo dos golpes do adversário. Eu me via como um polvo. Até o momento de atacar, o polvo fica parado, imóvel. Porém, quando um peixe entra no seu alcance, o polvo ataca com uma velocidade impressionante.

Sempre procurei lutar com meu lado mais forte para a frente, para que pudesse agarrar, fazer um clinch, passar uma rasteira, socar e atacar. Quando uma luta começava, meu objetivo estratégico básico era levar o oponente ao chão. Independentemente de quanto tempo levasse, porque eu era muito paciente. Cedo ou tarde o adversário cederia à pressão e cometeria um erro. Não importava para mim se estava dominando a luta ou com mais pontos. Sempre acreditei, e ainda acredito, que quando surge a oportunidade para o golpe mortal, você simplesmente a agarra e não erra porque talvez não haja outra.

Meu objetivo sempre foi infligir ferimentos tão profundos e mortais que o adversário estivesse morto antes de perceber que estava sangrando. Eu não matava com um machado, mas com uma espada samurai. Ficava feliz com vitórias rápidas porque uma vitória por submissão é uma vitória por submissão.

As escolhas estratégicas sempre se basearam no que estava acontecendo à minha frente, e não no que poderia acontecer, ou deveria acontecer de acordo com um relatório de um olheiro ou um plano pré-luta. Se não conseguia enforcar, segurava um braço. Se não conseguisse agarrar um braço, focava nas costas. Se não dava para ser as costas, eu montava, fingia um ataque ao pescoço e aí pegava um braço.

De novo, o foco do jiu-jítsu é usar a energia do adversário contra ele, e não ficar no meio do ringue gastando energia. E embora wrestling, judô e jiu-jítsu esportivo demandem bastante força e porte atlético, são todos esportes com regras bem definidas e rigorosamente aplicadas. Conforme as modalidades se tornaram mais populares, elas se desenvolveram ao redor das regras. O vale-tudo e mesmo o MMA são totalmente diferentes e requerem uma estratégia diferente. Pode-se adicionar elementos de wrestling, boxe e kickboxing ao jiu-jítsu, mas não às custas do jiu-jítsu.

Hoje, os lutadores bem-sucedidos de MMA sabem um pouco de jiu-jítsu e um pouco de tudo. Porém, só porque a pessoa é muito boa no corpo a corpo não significa que terá o mesmo talento para combate em poucos meses. Boxe, ou mesmo kickboxing, deixa o lutador com muitas vulnerabilidades, porque a habilidade de fazer ajustes na estratégia está limitada pelo estilo de luta. Não existe jogo de pés mais bonito que o do boxe nas artes marciais. Porém, isso é ineficiente fora de um ringue de boxe, porque um boxeador precisa estar a uma distância de um braço do adversário, o que não funciona na luta no chão.

Para muitos lutadores, a inabilidade de improvisar estrategicamente é um problema mental ou emocional. Ao longo dos anos, ensinei lutadores que tinham talento, porte atlético e disciplina, mas lhes faltava a confiança para agir com a "sabedoria imóvel" de Takuan Sōhō. Em vez disso, ficavam presos "na aflição do lugar de permanência". Alguns deles não conseguiam controlar as emoções; outros simplesmente não tinham o instinto assassino e não conseguiam terminar as lutas.

Um aluno, que também era um amigo, deixou uma luta ser decidida pelos juízes em vez de se arriscar em uma submissão ou ir com tudo na vitória. No fim, a arbitragem deu a vitória para o adversário, e ele perdeu uma luta que deveria ter ganhado. Eu não disse nada até que ele veio reclamar dos juízes. Na hora, veio o sinal mental de bandeira amarela. Nunca esfregaria a derrota na cara de alguém, mas não vou recompensar, encorajar ou ajudar alguém a racionalizá-la.

— Seu maior erro — disse eu, cortando-o no meio de uma frase — foi permitir que os juízes determinassem o resultado da luta.

Quando eu estava na ativa como lutador, não podia permitir desonestidade intelectual, porque precisava viver no momento e avaliar cada pessoa que entrava na minha vida de forma bastante crítica. Isso quer dizer que eu era brutalmente honesto, não apenas comigo mesmo, mas com todos a meu redor. Eram amigos ou inimigos? Eram amigos ocasionais ou leais? Não é um modo fácil de viver.

No ringue, meu objetivo era sempre o mesmo. Queria explorar as fraquezas do adversário, evitar suas forças e vencer o mais rápida e facilmente possível. Sempre tentei ver o conflito a partir dos olhos do adversário. Mesmo que não gostasse do que via, me forçava a ter a coragem e a honestidade intelectual de chegar a uma conclusão verdadeira. Quando se tratava de táticas, como e o que eu fazia na luta, graças a Orlando eu não estava mais preso aos pensamentos conscientes. E, por volta da metade da década de 1980, quando se tratava de lutar, eu tinha a "sabedoria imóvel" de Takuan Sōhō.

Capítulo 8

REGRAS DO ENGAJAMENTO

ONFLITO É UMA PARTE INEVITÁVEL DA VIDA. É SEMPRE IMPORTANTE lembrar que cada conflito tem as próprias regras, as quais podem mudar num piscar de olhos. Numa guerra, cada lado tem suas "regras de engajamento", que definem em que circunstâncias e como os soldados podem usar força. No calor da batalha, porém, as regras podem mudar, porque são ditadas pelas ações individuais dos combatentes. Se um lado comete atrocidades contra civis e prisioneiros, geralmente o adversário segue atrás. Não apenas mudaram as regras de engajamento, como o conflito também escalou.

Digamos que dois homens se esbarrem na rua, troquem palavras duras e se preparem para brigar. Do nada, um deles puxa uma faca e a brande de forma ameaçadora. Para não ficar para trás, o adversário puxa uma pistola do cinto. O que era só uma briga de socos escalou para uma batalha de vida ou morte, pois as regras do engajamento mudaram.

As artes marciais também têm regras de engajamento. Todas as minhas lutas no ringue eram regidas por uma lista de regras bem definidas e aplicadas por um árbitro. Nas duas lutas contra o Rei Zulu, ele tentou enfiar o dedo nos meus olhos. Embora essa seja uma violação das regras, eu não parei a luta no meio para reclamar com o juiz. Em vez disso, simplesmente aceitei o fato de que o conflito havia escalado e ajustei minhas ações para refletirem a mudança.

As lutas de rua ou os desafios eram outro caso, porque os termos eram mais fluidos e geralmente ditados pelas ações do adversário. Depois de ganhar do Rei Zulu pela segunda vez, eu era o homem a ser derrotado no Brasil, e qualquer lutador que me vencesse imediatamente faria um nome para si. Em 1988, fiquei sabendo que o lutador de luta livre e futuro campeão do UFC, Marco Ruas, queria me enfrentar.

A luta livre é uma arte marcial brasileira que combina wrestling, jiu-jítsu, judô e combate, e tem sido rival do jiu-jítsu e da minha família por décadas. Na época, eu não deixava e não podia deixar um desafio legítimo sem resposta. Acreditava que era o melhor lutador do Brasil e tinha que manter minha reputação por meio da luta.

Depois de contar ao meu pai que Marco Ruas queria me enfrentar, fomos direto para a academia de luta livre. Quando chegamos, ele e vários dos melhores lutadores colegas dele estavam treinando. Falei primeiro com Ruas e seu treinador, e disse que estava ali para lutar. Marco disse que esperava por esse embate, mas queria tempo para treinar e marcar uma partida oficial. Isso me irritou, porque parecia que ele estava mais interessado em capitalizar em cima do meu nome do que em lutar. Durante a discussão com Ruas e seus colegas, ouvi uma voz no fundo do grupo dizer: "Eu também quero lutar". Por um segundo meus olhos encontraram os de Hugo Duarte, e eu soube que ele era alguém que acreditava que podia me vencer. Na época, não o conhecia, mas assim que saí da academia fiquei sabendo que era o número dois da luta livre. Agora, sim, eu o levava a sério; ele era um adversário sólido que merecia meu respeito.

Eu estava de mudança para os Estados Unidos e não tinha muito tempo, então propus que resolvêssemos nossas diferenças na praia do Pepê. No dia da luta, meus irmãos, nossos alunos e eu fomos até a Academia Gracie na Barra, perto da praia do Pepê. Pouco antes de irmos encontrar Hugo, disse a eles:

— É melhor que eu lute contra Hugo do que isso virar uma guerra de gangues com as pessoas atirando umas nas outras. Formem um círculo humano ao nosso redor e, não importa o que aconteça, ninguém entra ou interfere.

Quando encontrei Hugo na praia, percebi que ele não estava com medo, mas também suspeitei que não tivesse um plano muito definido, então dei-lhe um tapa na cara para ter alguma reação emocional. Venci Hugo numa luta caótica e fomos nos lavar no mar para tirar todo o sangue, suor e areia. Quando saíamos da água, Hugo se virou para mim e disse, de maneira honesta, de guerreiro para guerreiro:

— Não estou feliz. Quero lutar outra vez.

Ele não estava bravo, e as palavras vinham do coração. Soube na hora que haveria uma revanche.

Mais ou menos uma semana depois, um grupo da luta livre e alguns apoiadores invadiram a escola do meu pai. Um amigo correu até meu apartamento e disse que Hugo estava na academia pedindo uma revanche. Ainda de cuecas, pulei na garupa da moto do meu amigo e dez minutos depois me preparava para lutar contra Hugo Duarte em um pátio de concreto, cercado pelo pessoal da luta livre e sua gangue.

Antes da luta, deixei claro para Hugo que, se qualquer um deles interferisse, a luta escalaria para uma guerra. Ele me deu sua palavra de que seria uma luta mano a mano. Mesmo que tenha me surpreendido ao aparecer sem avisar, não achava que Hugo tinha agido de modo desonroso. Ele era um guerreiro e não estava convencido

de que perderia outra vez, e eu me senti na obrigação de dar essa oportunidade a ele. Era mais do que justo.

Hugo se mostrou diferente na segunda luta, mais determinado. Agora, ele era o agressor, quem começava a luta, logo, fiz uma mudança estratégica. Em vez de correr e forçar uma abertura, como fizera no embate anterior, senti que ele queria me nocautear, então o instiguei a tentar um soco de nocaute. Parecia um duelo de pistolas à moda antiga; cada um tinha uma chance. Hugo gastou a dele dando um grande soco, e errou. Em seguida, o derrubei, montei nele e comecei a socar seu rosto.

Como lutávamos no concreto, sempre que eu o acertava, ele batia com a cabeça no chão. Hugo estava preso, apanhando muito, e não tinha como escapar. Perguntei se já era o suficiente. Ele disse que sim, assim, parei de bater e a luta acabou. Não sentia necessidade de machucar meu adversário. Na verdade, respeitava Hugo Duarte por ser corajoso, firme e lutar com todo o coração.

No fim, Hugo ficou de pé, apertou minha mão e demonstrou grande respeito por mim. Admitiu a derrota e disse que não queria mais lutar comigo. Suas palavras foram humildes e honestas, e também vinham do coração. Ele tinha colocado tudo em jogo e perdido. Não estava feliz, mas aceitou o resultado. Mesmo tendo perdido as lutas, ganhou meu respeito pela coragem, comprometimento e vontade de lutar. Nossas batalhas eram algo que deveria dar orgulho aos dois, porque havíamos nos encontrado em condições de igualdade e testado a nós mesmos e a nossas habilidades.

Há vezes em que a brutalidade só pode ser respondida com brutalidade. Se vejo dois caras brigando na rua, até posso parar para assistir, mas não vou interferir a menos que um deles esteja apanhando além da conta. Porém, se vejo dois caras atacando uma mulher, vou interferir, porque cruzaram o que, para mim, é a linha de uma questão ética. Em uma situação do tipo, ajo na hora, mesmo que isso signifique me machucar. Embora esteja em desvantagem e desprevenido, uma lata de lixo ou um pedaço de madeira ajudam a dispersar os agressores. Idealmente, prefiro parar o ataque sem machucar ninguém, mas também estou pronto para engajar com comprometimento e agressão.

Eu me vi numa situação como essa depois de lutar no Japão em 1994. Os fãs japoneses de MMA achavam que seus lutadores profissionais eram invencíveis. Minha vitória no Japan Open levantou a pergunta óbvia: como eu me sairia contra um deles? No outono de 1994, Nobuhiko Takada, o Hulk Hogan do Japão, me desafiou para uma luta. Entendi que era um golpe publicitário para me fazer lutar na liga de pro wrestling que ele controlava, então o ignorei. Como disse antes, não queria fazer parte dessa novela física e não havia dinheiro no mundo que me fizesse mudar de ideia. Quando Takada disse à imprensa japonesa que eu estava com medo de enfrentá-lo, liberei um comunicado dizendo que nunca lutaria em um ato de promoção para o wrestling profissional, mas convidei Takada a me enfrentar no Japan Open seguinte.

Não dei mais atenção a esse drama até ser acordado por um telefonema na manhã de 7 de dezembro de 1994, aniversário de

33 anos do ataque japonês a Pearl Harbor. Luis Limão, instrutor-chefe da Academia do Pico, me informou que um lutador japonês, seu empresário, um intérprete e a imprensa estavam na minha escola e exigiam me ver. Quando cheguei, vi os repórteres amontoados na porta. Entrei e fui cumprimentado pelo lutador aposentado, que agora atuava como oficial de lutas pro wrestling, Shinji "Tigre" Sasazaki. Mais uma vez, ele me convidou a lutar em sua liga de pro wrestling.

Quando neguei, Sasazaki perguntou se era verdade que eu estava disposto a lutar por honra. Respondi que sim, e ele perguntou se seu lutador podia vir até a escola. Disse outra vez que sim, e o protegido de Takada, Yoji Anjo, um dos *bad boys* do pro wrestling, entrou marchando na minha academia. Nossos olhares se encontraram e eu pude sentir sua confiança. Imediatamente soube que ele não estava ali apenas para lutar. Ele queria me machucar e fazer de mim um exemplo por ter desrespeitado Takada. Era uma jogada ousada.

Anjo não demonstrou emoções, e minha intuição disse que ele estaria disposto a lutar até a morte se necessário. Isso me impressionou e me forçou a estar preparado para fazer o mesmo. Em vez de uma partida de vale-tudo, estava mais para uma demonstração de força entre os líderes de dois clãs samurai. Um de nós, ou provavelmente os dois, sairia machucado, e ambos aceitamos isso.

Ele me seguiu até o centro dos tatames. Podia ver e sentir que ele estava cego pelo desejo de me nocautear e me ferir. Quando o peguei em um clinch, mesmo em uma posição ruim, sua força de vontade e malícia não vacilaram. Na verdade, agora ele estava ainda mais perigoso, porque era como um animal encurralado. Ao invés de responder com medo, reagiu com crueldade total e enfiou o dedo na minha boca, tentando rasgar minha bochecha.

Foi quando percebi que teria de quebrar Anjo para pará-lo. Ele não desistiria nem se submeteria. Depois de tirar o dedo dele da minha boca e derrubá-lo, o movi para o centro dos tatames. Dei socos e cotoveladas em seu rosto até que seus olhos estivessem fechados, e seu nariz, quebrado e sangrando. Fiz questão de deixar marcas o suficiente antes de sufocá-lo até a inconsciência, para que não houvesse dúvidas de quem havia vencido aquela luta.

Dias depois, muito humilde, de olhos roxos e cara inchada, Yoji Anjo voltou à academia. Ele me trouxe presentes e uma carta de desculpas escrita à mão, e parecia derrotado de verdade. Anjo disse que me respeitava e não queria lutar outra vez, porque sabia em seu coração que eu podia tê-lo machucado ainda mais. A escolha fora minha e somente minha. Depois desse encontro, pensei que tínhamos

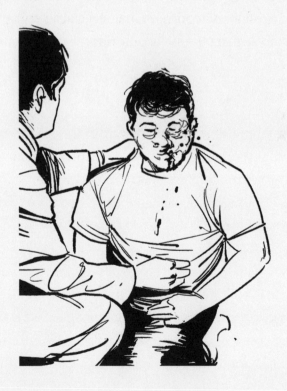

resolvido nossas diferenças de forma honrada. A última coisa que esperava era que ele voltasse para o Japão espalhando mentiras a respeito de nosso embate. Quando voltou para Tóquio, Anjo disse que meus alunos e eu o havíamos atacado. Infelizmente para ele, eu tinha a única gravação da luta. Depois que meus representantes no Japão marcaram uma coletiva de imprensa e reproduziram a fita, minha reputação cresceu ainda mais entre os japoneses.

A única maneira de me preparar para confrontos como o que tive contra Anjo era estar sempre pronto, dia ou noite, 365 dias por ano. Quando era desafiado ou insultado, minha única opção era aceitar e tomar uma providência. Essa era uma das razões que tornava minha dieta diária, exercícios e protocolos de treino tão importantes para mim. Se os seguisse rigorosamente, sempre estaria preparado. Depois de uma vitória, não parava para descansar nos louros e admirar a mim mesmo. Ao contrário, voltava à academia para treinar e ensinar como se nada tivesse acontecido.

Capítulo 9

INSPIRAÇÃO

Todos os lutadores investem uma grande parcela de tempo em aprender, praticar e aperfeiçoar suas técnicas. Boxeadores aprendem como dar um jab, um cruzado, um direto, então os praticam em diferentes combinações. Judocas, lutadores de sumô ou mestres do wrestling dominam empurrões, abordagens, rasteiras e socos. No jiu-jítsu, aprendemos estrangulamentos, chaves de braço, raspagens e fugas. Os melhores lutadores, de qualquer estilo que seja, usam as técnicas de modo a refletir sua verdadeira natureza e personalidade. Aprendi muito estudando outros lutadores e atletas, e usando-os como pontos de referência.

Óbvio que meu pai, Hélio Gracie, foi minha primeira e maior inspiração. Ele podia ser duro e descompromissado, mas sem seu exemplo como lutador e sua dedicação como professor, o jiu-jítsu não seria o que é hoje. Tudo o que meu pai pedia que eu ou outra pessoa fizesse, ele havia feito ou estava disposto a fazer ele mesmo.

Ainda que fosse um guerreiro, Hélio não era um lutador tradicional nem se definia por sua capacidade de conquistar e matar. Por geralmente lutar contra homens maiores, seu foco principal estava em sobreviver, e isso exigia muita força mental e física. Pegue a posição de guarda como exemplo. Duvido que o grande mestre do jiu-jítsu Mitsuyo Maeda precisasse depender dela. Hélio, por outro lado, desenvolveu uma guarda tão poderosa e sofisticada porque não tinha outra opção.

Acho que a luta de que meu pai mais tinha orgulho foi aquela contra um dos maiores judocas japoneses, Masahiko Kimura, em 1951. Entre 1936 e 1950, Kimura não perdeu uma única partida, e foi o único homem a vencer o campeonato All Japan de judô três vezes seguidas. Ele era mais de 30 quilos mais pesado que Hélio e, no segundo que a luta começou, agarrou meu pai pelo Gi e o colocou sob seu controle. Como em minha partida contra Mark Schultz, o objetivo principal do meu pai era minimizar os danos das quedas brutais do adversário.

Em certo ponto da luta, meu pai ficou inconsciente, mas, como não bateu no chão, Kimura achou que seu golpe não estava funcionando. Quando o soltou, Hélio recuperou a consciência e continuou a lutar. Mesmo jogando meu pai de um lado para outro, não

INSPIRAÇÃO

conseguiu uma submissão até o segundo round, quando o pegou em uma chave de braço chamada *Gyaku Ude Garami*, que agora chamamos de Kimura, em sua homenagem.

Meu pai tinha tanta estima por Kimura que ele foi o primeiro lutador de fora da família por quem me interessei. Rapidamente aprendi que seu sucesso se devia tanto à sua incrível ética quanto à sua força, genética ou porte atlético natural. Todos os dias antes de *randori* (*sparring*, ou encenação de luta), Kimura fazia quinhentas flexões, andava como um coelho por um quilômetro e depois fazia séries de abdominais, agachamentos e paradas de cabeça. O judoca praticava os golpes de chute numa árvore, e sua pegada *Osoto Gari* era tão poderosa que comumente deixava o parceiro de treino inconsciente.

Na noite que Kimura ganhou seu primeiro All Japan Judo Championship, em 1937, ele já estava de volta ao dojô, e em vez de quinhentas flexões, fez mil. No ponto alto de sua carreira, seu regime de treino diário levava supostamente oito horas. Como muitos dos grandes lutadores, ele também olhava técnicas de fora do judô que pudessem lhe trazer alguma vantagem. Quando Kimura quis ganhar força nas mãos, estudou com o mestre Mas Oyama do karatê Kyokushin. Ele disse depois que o treino *makiwara* do karatê melhorou a velocidade e a força de suas mãos e lhe trouxe vantagens no judô.

Outro lutador japonês que me inspirou foi Chiyonofuji "Lobo" Mitsugu, do sumô. Os japoneses o chamavam de "Urufu", ou lobo, por causa de seus olhos grandes, rosto fino e estilo agressivo de luta. Ele pesava apenas 120 quilos, o que é bem pouco para um lutador de sumô. Mesmo assim, quando se aposentou, em 1991, Mitsugu tinha o maior número de vitórias na história do sumô profissional e ganhara do havaiano de mais de 250 quilos, Konishiki.

Sumô é um jogo de base e posição. Para ser o rei da roda de sumô, é preciso combinar estratégia e tática com atributos físicos e pessoais. A maioria das pessoas não percebe quanto de artes marciais os *sumotori* (lutadores profissionais de sumô) sabem. A rotina deles está entre as mais cansativas dos esportes de combate. Eles lutam cerca de seis campeonatos por ano e cada campeonato dura quinze dias, portanto, lutam mais ou menos noventa dias por ano!

Às vezes, Mitsugu enfrentava mais de 25 lutas consecutivas em uma sessão de treino e, mesmo antes de ser profissional, já tinha quebrado os ossos de um dos ombros várias vezes. Sua primeira grande vitória em um campeonato foi em 1981, derrotando um dos grandes Yokozuna (maior título do sumô). Foi uma grande surpresa, mas ele provou que não venceu por acaso ao derrotar o mesmo homem alguns meses depois. Mesmo depois de se tornar uma estrela, Mitsugu nunca perdeu o jeito.

O que tornava Chiyonofuji Mitsugu tão interessante para mim era o fato de ser muito ágil e se mover mais como um boxeador do que como um lutador de sumô. Se um adversário avançasse em sua direção quando estivesse agachado, ele desviava no último instante e tirava o oponente do prumo. Mitsugu tinha uma rasteira efetiva,

que usava em clinches, e botava homens muito maiores que ele no chão. O que não tinha em tamanho e força, compensava com perseverança, agilidade e, acima de tudo, criatividade.

Mas nenhum boxeador me chamou tanta atenção quanto Muhammad Ali, que tinha muitas qualidades como lutador. Não apenas era bastante criativo como tinha uma noção de distância surreal, sem falar em confiança e carisma. Ali não se movia como um peso-pesado e sabia usar seus "jabs dançantes" de forma magistral, como um aperitivo para seu cruzado poderoso. Muita gente achava que o "balé de Ali", quando ele movia os pés para a frente e para trás, de um lado para outro, tão rápido que quase não dava para ver, era apenas exibicionismo. Porém, a distração era uma ótima cobertura para ataques ofensivos e recuos defensivos. Uma vez ele disse que, ao fazer o "balé", o adversário esquecia o que pretendia fazer.

Foi só com a "Rumble in the Jungle", sua famosa luta no Zaire contra George Foreman, que entendi a profundidade de Muhammad Ali como lutador. Foreman estava 40-0, e a maioria achava que ele era muito para Ali dar conta. Em vez de correr, ele usou sua estratégia "rope-a-dope", hoje famosa. Para o olho destreinado, Ali parecia estar se apoiando nas cordas e deixando Foreman descer

o sarrafo nele. Na verdade, ele estava bloqueando e defendendo a maior parte dos golpes, e ainda contra-atacando com socos rápidos. Era como se ele dissesse: "Vá se foder, George! Sua energia foi para o lixo! Agora vou te mostrar como se luta boxe!".

Muhammad Ali também era um ótimo ator dentro do ringue, e isso é mais um fator importante para a luta. Durante a "Rumble in the Jungle", Foreman acertou-lhe um soco no queixo que quase o deixou desacordado. Em vez de demonstrar isso, apoiou-se no adversário e lhe disse ao ouvido: "Isso é tudo o que você tem, George?". Depois, Ali admitiu que quase perdeu os sentidos duas vezes durante a luta, mas em nenhum momento deixou George perceber. Antes de derrotar Foreman fisicamente, ele o derrotou mental e espiritualmente.

Uma das coisas em Muhammad Ali que mais me impressionava era sua coragem para seguir o coração dentro e fora do ringue. Quando os Estados Unidos tentaram arrastá-lo para a Guerra do Vietnã, ele não fugiu para o Canadá e pediu asilo. Ali foi até o posto do exército, assim como todos os outros jovens, e quando seu nome foi chamado, se recusou a dar um passo à frente.

— Por que devo me deslocar dez mil milhas para longe de casa e jogar bombas e balas em pessoas não brancas do Vietnã quando os chamados Negros em Louisville são tratados como cachorros e não recebem direitos humanos básicos? — perguntou corajosamente.

O campeão de boxe peso-pesado foi preso e condenado por ter se recusado a servir. Ao se recusar a ir para o Vietnã, Muhammad Ali perdeu o título de peso-pesado e a licença de boxeador. Ele não tinha permissão para lutar durante os anos de ouro de sua carreira (1967–1970). Mesmo assim, Ali nunca desistiu, e a condenação foi derrubada. Como ele, eu nunca teria sido um bom soldado, porque não posso lutar cegamente por um governo ou causa em que não acredite.

INSPIRAÇÃO

Já um dos lutadores mais apaixonados e cheios de emoção a que assisti na vida foi Mike Tyson. Tratando-se de poder puro e instinto assassino, ninguém me impressionou tanto quanto ele. Tyson não queria apenas derrotar seus adversários; queria vencê-los psicologicamente para que nunca mais quisessem pisar no ringue com ele. O nocaute em Michael Spinks no primeiro round é um bom exemplo disso.

Mesmo sendo meu contemporâneo, Tyson lutava como um boxeador de uma época mais antiga, porque Cus D'Amato, seu treinador e figura paterna, já treinava boxeadores desde os anos 1930. As referências de Tyson vinham de nomes como Joe Louis e Jack Dempsey. Seu uso de ângulos, timing e habilidades dentro do ringue não deixavam nada a desejar a nenhum deles.

Mike Tyson era sempre honesto ao afirmar que lutava de um lugar de insegurança e medo. O boxeador vinha de um lar desestruturado, e aos 13 anos já tinha sido preso mais de quinze vezes. Ele admitia abertamente que tinha medo sempre que entrava no ringue, mas dizia que tirava forças do medo. Como já disse, o medo faz parte de todos nós; é o que fazemos diante dele que importa.

CONFORTO NA ESCURIDÃO

No caso de Tyson, ele firmava os pés, deixava os punhos voarem e desafiava os adversários a medir força contra ele.

Quando a luta ou qualquer outro esporte é a única esperança, há uma sede e um foco por sucesso que é muito difícil de replicar ou fabricar. Quem já experimentou desesperança, fome e pobreza pode ter uma vantagem decisiva. É só olhar para as estrelas recentes entre os lutadores africanos no UFC ou os brasileiros no surfe profissional. Além de ter paixão, eles estão dispostos a morrer tentando vencer, porque são eles que alimentam suas grandes famílias. No fundo, eles sabem que, se fracassarem, terão que voltar a uma realidade muito difícil. Com medo de ter amolecido, dias antes de enfrentar Larry Holmes, em 1988, Mike Tyson colocou uma máscara de ski e foi pedir dinheiro nas ruas de Nova York. Depois, explicou que queria se lembrar da sensação de desespero.

Outro guerreiro de verdade que tem meu respeito por sua honestidade é Marvin Hagler. Apesar de sua técnica excelente, Hagler sempre acertou as contas com seus adversários. Quando entrava no ringue era para trocar socos. Sua estratégia sempre foi levar a luta ao limite. Poucos boxeadores buscam o mesmo nível de intensidade a cada confronto; na verdade, a maioria usa estratégias e técnicas para evitá-lo. Hagler sempre lutava com coragem e de peito aberto.

Não há esporte de combate, mesmo o boxe, que atinja a mesma intensidade do kickboxing. Ele pode ser ainda mais estressante e brutal do que o boxe, porque boxeadores só têm duas armas, os punhos, enquanto os lutadores do kickboxing têm oito, pois eles também podem usar pés, joelhos e cotovelos. Não há como se tornar um bom lutador sem condicionar o corpo a absorver chutes e joelhadas e seguir lutando. Claro, os campeões tailandeses do Lumpinee Boxing Stadium, de Bangkok, eram os melhores em sua categoria de peso, mas os pesos-pesados holandeses, especialmente Peter Aerts e Ernesto Hoost, eram igualmente impressionantes.

INSPIRAÇÃO

Eles eram verdadeiros artistas marciais que não apenas lutavam com muita coragem e comprometimento como também agiam de forma honrosa dentro do ringue.

Bruce Lee, apesar de nunca ter lutado profissionalmente ou mesmo em competições, era mais um que me chamava atenção como artista marcial e professor. Eu não acreditava que ele pudesse fazer na vida real algumas das coisas que fazia nas telas, mas adorava assisti-lo. Cercado por inimigos, mas sempre calmo, comprometido e em paz com seu destino, Lee foi uma inspiração.

Lee vem de uma escola tradicional de kung fu. Foi aluno de Yip Man, o lendário professor de kung fu de Hong Kong. Depois que ele chegou aos Estados Unidos, o campeão de judô e pro wrestling, Gene LeBell, abriu os olhos dele para o poder do grappling durante as gravações de um programa televisivo que fizeram juntos. Lee podia ter fingido que não sofrera nas mãos do lutador muito maior, mas,

em vez disso, foi estudar o grappling com ele e incorporou isso à sua prática. Ele também foi estudar boxe, kickboxing, judô e esgrima.

No fim das contas, Bruce Lee foi juntando as peças de diferentes artes marciais e criou o próprio estilo, o Jeet Kune Do. Sua visão de luta era muito sofisticada, muito à frente de seu tempo. Lee identificava as diferentes frentes de luta e quais eram as melhores ferramentas para cada uma. Como eu, ele acreditava em técnicas simples, perfeitamente cronometradas e executadas, além de entender que simples não significa fácil. O artista marcial tinha a mente aberta, confiança, curiosidade intelectual e humildade para aceitar novas ideias.

Por fim, apesar de Pelé não ser um lutador, preciso incluí-lo como uma grande inspiração não só para mim como também para todos os brasileiros da minha geração. Há poucos atletas universalmente considerados os melhores em seus esportes, e Pelé foi um deles. Eu era só uma criança quando ele estava no auge da carreira,

INSPIRAÇÃO

mas me lembro da Copa do Mundo de 1970, quando o número 10 liderava o melhor time de futebol brasileiro na história em sua vitória contra a Itália.

A maioria dos jogadores vê a bola e o que acontece em sua frente. Pelé via o campo todo; era como se tivesse olhos atrás da cabeça. Sabia improvisar melhor do que ninguém no futebol e fazia milagres no campo. O que eu mais admirava nele era que, mesmo tendo habilidades técnicas superiores às do restante, sempre trabalhou em equipe para trazer o melhor de seus colegas.

Aliás, Kai Lenny, o surfista de grandes ondas, é outro atleta de fora das lutas que me impressiona. Com apenas 32 anos, não tem nada de especial fisicamente, mas sua relação com o oceano beira o sobrenatural. Seja no surfe, windsurfe, hidrofólio, stand-up, remo, surfe tow-in, ele faz tudo isso em um nível de classe mundial. Lenny surfou a Jaws, uma das ondas mais assustadoras do mundo, aos 15 anos. Em 2017, viajou com seu hidrofólio entre as ilhas de Molokai e Oahu, o que dá pouco mais de 50 quilômetros, em menos de três horas. Aos 20 anos, estava tão à frente que não tinha colegas e adversários, de modo que precisou criar os próprios protocolos mentais e físicos para melhorar como atleta e ser humano.

O que todos esses atletas e lutadores têm em comum, para além de suas artes marciais ou esportes, é que o desempenho era intensamente pessoal. Era uma expressão de quem eles eram. Quando estamos cansados, machucados e por um fio, gostemos ou não, é quando nossa verdadeira natureza, nossa verdadeira personalidade, emerge.

Capítulo 10

NOVOS
DESAFIOS

DEPOIS DA LUTA CONTRA O REI ZULU, EU QUERIA ENCONTRAR DESAFIOS maiores fora do Brasil. Viajei para o Japão por ser o berço do jiu-jítsu, casa de alguns dos maiores guerreiros e tradições de artes marciais do mundo. Queria encontrar o promotor de lutas, Antonio Inoki, e tentar organizar uma luta de vale-tudo. Mais conhecido como o wrestler japonês que enfrentou Muhammad Ali, em 1976, em uma peculiar e precoce luta de MMA, Inoki foi um dos pioneiros do pro wrestling no Japão, além de um dos primeiros promotores de MMA.

Na época, Inoki estava entrando na política, e logo seria eleito para um cargo, mas já era um homem poderoso. Ele vivera no Brasil na adolescência e ainda mantinha conexões com o país. Eu levava uma carta de introdução e acreditava ter boas chances de conhecê-lo.

Chegando a Tóquio, recebi a confirmação de que ele recebera minha carta, e era hora de esperar. Naquela época, eu não entendia as diferenças culturais entre o Japão e o Brasil. Os brasileiros são pessoas apaixonadas, que deixam transparecer as emoções. Os japoneses são muito mais reservados e difíceis de interpretar.

Apesar de o Japão ser majoritariamente uma sociedade igualitária, também é estratificada, ainda assim, os indivíduos colocam a harmonia da sociedade acima de seus sonhos e aspirações individuais. Diferentemente dos Estados Unidos, em que a hierarquia social é bem evidente. É muito difícil ter uma resposta direta a uma pergunta porque, na cultura japonesa, recusar um pedido ou discordar de algo publicamente pode gerar humilhação ou deixar uma pessoa "de cara no chão" (*mentsu wo ushinau*), o que afeta a reputação e a posição social da pessoa. Por exemplo, um executivo júnior nunca vai discordar publicamente de um executivo sênior.

Por trás da formalidade e das regras rígidas de decoro no Japão, existem muitas camadas de atividade fora das vistas. Aprendi isso quando fiz minha peregrinação espiritual para o quartel-general mundial do judô, o Kōdōkan. Fundada em 1882, essa escola tem uma importância especial para mim porque as raízes do jiu-jítsu e do judô estão entrelaçadas. O jiu-jítsu era uma forma de autodefesa para o campo de batalha que o fundador do judô, Jigoro Kano, modificou para criar uma arte marcial que pudesse ser aprendida por jovens e velhos. Ao fazer isso, precisou eliminar as técnicas mais perigosas do jiu-jítsu, de modo que o judô pudesse ser praticado com toda a força e risco mínimo de ferimentos.

O Kōdōkan sempre me atraiu por fazer parte da história da minha família. Meu pai lutara ali contra Kimura, assim como o professor do meu tio e um dos melhores artistas marciais menos conhecidos, Mitsuyo Maeda, havia sido campeão nele também. Na primeira vez que entrei no enorme prédio de oito andares, pensei que parecia uma mistura de academia militar com igreja. Dava para sentir o respeito que as pessoas tinham umas pelas outras e pela prática de judô. Os instrutores e os alunos tinham missões bem definidas e as tratavam com muita seriedade. O salão de treino principal era muito grande, imaculadamente limpo e bastante organizado.

Um instrutor sênior me mostrou o lugar e foi muito gentil, até eu mencionar que estava no Japão para falar com Antonio Inoki sobre uma luta profissional. Sua expressão mudou na hora, e ele disse:

— Infelizmente, você não pode treinar aqui. O judô é um esporte amador, e aqui não permitimos profissionais.

Era nítido que o assunto não estava aberto para discussão ou debate. Ao fim da visita, ele me mostrou a porta de saída. Fiquei desapontado, mas aceitei e respeitei as regras.

Além de não poder treinar no Kōdōkan, Inoki se recusou a se encontrar comigo. Mesmo sabendo que a viagem fora uma perda de tempo, serviu para me dar um primeiro vislumbre da complexidade da sociedade japonesa. Esse conhecimento foi útil nos anos seguintes. Mesmo na época, pude notar que algo profundo se escondia atrás dos sorrisos falsos e dos rituais polidos. Logo aprenderia que os japoneses entendem muito de todos os tipos de conflito. Pelo menos eu sabia que um dia voltaria para lá.

Em vez de lutar no Japão, em 1988, decidi mudar com minha família para os Estados Unidos. Meu pai queria que meus irmãos, primos e eu ajudássemos meu irmão mais velho, Rorion, a espalhar o jiu-jítsu Gracie pelo país. Rorion é um ótimo professor e, considerando o sucesso do "jiu-jítsu brasileiro" e do UFC hoje, é provável que seja lembrado como o maior promotor do jiu-jítsu no mundo. Embora Rorion tivesse coragem, determinação e nunca desistisse, ele nunca chegou aos meus pés como lutador. Uma vez nos Estados Unidos, enfrentou os desafios de divulgar a arte lutando contra aqueles que duvidavam de sua eficácia.

Quando cheguei à Califórnia, a série de vídeos *Gracie in Action* (Gracie em ação), que mostrava eu e outros membros da família em lutas de vale-tudo e de jiu-jítsu, já povoava o imaginário do universo de artes marciais dos Estados Unidos. Esse foi, de verdade, o começo de uma revolução que forçou as pessoas a reavaliarem suas crenças mais básicas a respeito de lutas e artes marciais. Graças a filmes como *Operação dragão* e *A fúria do dragão*, e aos acrobatas das artes marciais como Bruce Lee e Jackie Chan, os estadunidenses realmente acreditavam que a maneira mais efetiva de luta e autodefesa eram as lutas de striking (boxe, kickboxing, karatê e kung fu). Quando meus irmãos, primos e eu nos mudamos para os Estados Unidos *en masse*, testamos essa teoria com o Desafio Gracie. Na nossa academia e em seminários por todo o país, convidávamos todo e qualquer um a se testar contra o jiu-jítsu.

Rorion era o primogênito, e meu pai sempre quis que ele liderasse a geração seguinte dos Gracie, mas alguns de nós não concordávamos. Ele era, sim, um lutador competente, capaz de derrotar um ou outro kickboxeador, instrutor de hapkidô ou autoproclamado "mestre kung fu". Porém, todos sabiam que ele precisava dos irmãos, primos e, acima de tudo, de mim para enfrentar os monstrões que apareciam na academia.

A escola estava vazia, exceto pelos meus irmãos Rorion e Royce e eu, quando um ex-membro do time de judô russo, que também lutava boxe, apareceu. Estava evidente que tinha pouco respeito pela gente e que viera mostrar a ineficiência do que era, na época, uma arte marcial brasileira enigmática. Depois de colocar o Gi e entrar no tatame, ele começou a se aquecer. Pude ver que era um campeão pela maneira como se portava e se movimentava. Depois de quinze minutos de calistenia e alongamentos, veio até onde estávamos sentados e disse:

— Vamos brincar um pouco.

NOVOS DESAFIOS

Eu fiquei de pé, e seguramos o Gi um do outro, como praticantes de judô. Eu estava preocupado com ser jogado longe estava muito na defensiva e tentava agarrar sua perna. Mesmo que estivéssemos numa boa e nenhum dos dois usasse toda a força, ele não conseguia me jogar e começou a ficar frustrado. Até que parou e disse:

— Você só está se defendendo! Faça alguma coisa!

Eu respondi que não tentaria usar judô contra um campeão de judô, mas que, se ele quisesse que eu usasse o jiu-jítsu, precisávamos mudar as regras do jogo.

Depois que ele concordou com o uso de derrubadas que são proibidas no judô, eu o ataquei, agarrando, e o derrubei. No chão, ele me deu as costas e o estrangulei; ele bateu no chão e ficou de pé.

— Você é bom nessa parte de agarrar, mas também disse que aceita o que vier — disse ele, tirando o Gi e fechando os punhos, em postura de quem quer brigar.

Eu tirei meu Gi e respondi:

— Olha, cara, melhor abrir as mãos, porque, se me bater de punho fechado, vou revidar. Vamos usar só mão aberta, não tem motivo para nos machucarmos tanto assim.

— Ok! Vamos nessa! — respondeu ele, abrindo as mãos.

Andamos de um lado para outro, ele deu um soco, contra-ataquei com um chute *pisão*, e ataquei. Peguei-o em um clinch e, quando o derrubei, ele virou de costas. Comecei a estapeá-lo no pescoço, seguido de um estrangulamento, e ele bateu de novo no chão. Fiquei de pé e disse:

— Quer tentar de novo para ter certeza de que não foi sorte?

— Não, não, estou bem — respondeu ele, sentando-se em um canto.

Ele parecia deprimido, então, me aproximei e o agradeci pelo treino.

—Você fez eu me sentir um merda, mas ainda acredito em mim — disse ele.

—Não, não! — retruquei. — Você é um ótimo campeão. Só não está confortável com essas regras. Se estivéssemos usando judô, seria outra história.

O russo foi embora e nunca mais o vi.

Depois que eu provava a um adversário que podia derrotá-lo, nunca senti necessidade de machucá-lo ou humilhá-lo. Mais do que tudo, eu queria que eles se tornassem alunos de jiu-jítsu, especialmente os que já tinham habilidades em artes marciais como o russo. Consegui trazer bastante gente para a modalidade. Depois de experimentar o jiu-jítsu Gracie, Mark Schultz, o estadunidense medalha de ouro em luta olímpica, e Yuki Nakai, do MMA, se tornaram alunos devotos da arte marcial da nossa família e continuaram até receberem suas faixas pretas.

Por um tempo, eu me comprometi totalmente em ajudar minha família com a promoção do jiu-jítsu pelos Estados Unidos. Mudei-me para lá, e nosso sucesso foi muito além do que eu jamais poderia ter imaginado. Embora a visão de Rorion para promover o jiu-jítsu fosse ótima, ele não sabia como trazer à tona o melhor das pessoas. Nunca fomos parceiros com um objetivo em comum e senso de propósito. Em vez disso, ele considerava a mim e aos meus irmãos e primos seus subordinados e serviçais. Rorion nunca liderou de peito aberto e queria tanto controlar e monopolizar o jiu-jítsu Gracie que chegou a processar membros da nossa família por usar o próprio sobrenome em suas escolas.

Fiquei desconfortável debaixo das asas do meu irmão quando minha esposa e meus quatro filhos chegaram ao país. O esquema era infantilizador para ela e para mim, que tínhamos sido independentes desde a adolescência. E, por ser o campeão da família e fazer a maior parte do trabalho duro nos tatames, decidi abrir minha própria academia.

Seguir por conta própria não foi uma decisão fácil, meu pai e meu irmão mais velho consideraram isso uma traição. Eu não era cidadão dos Estados Unidos e dependia de Rorion para meu green card e a conta bancária, o que só complicava ainda mais as coisas. Mas tomei a decisão do fundo do coração, porque preferia ser feliz por mim mesmo do que seguir um líder que não me inspirava. Se eu não amar o que faço, não consigo ser criativo, dinâmico e alcançar o meu melhor. Quanto mais velho fico, mais percebo que o amor e a paixão são o que me preenche e motiva.

De qualquer forma, Rorion precisava de mim. Quando me contou que estava organizando o primeiro campeonato de vale-tudo, em 1992, meu coração se alegrou. Pensei que meu sonho de representar a família e o jiu-jítsu nos Estados Unidos estava finalmente se tornando realidade! Pensei que seria minha oportunidade de demonstrar todas as minhas habilidades e provar que era um campeão. Fiquei chocado e muito desapontado quando soube que nosso irmão Royce lutaria no meu lugar.

Rorion me pediu que preparasse Royce para o UFC, e eu fiz isso pelo bem do jiu-jítsu e porque eu era a única pessoa na família com experiência para treiná-lo para algo assim. Diferentemente de nossos primos e irmãos, Royce não era um dos campeões do jiu-jítsu e nunca lutara uma partida de vale-tudo antes do primeiro UFC. Por causa de sua juventude e inexperiência, ele precisava de toda a ajuda que eu pudesse oferecer.

Rorion percebeu que eu estava desapontado e tentou apaziguar as coisas dizendo:

— Se Royce perder, você vai estar lá para apoiá-lo.

Eu não gostei do que ele falou. Se ele queria que eu garantisse o sucesso do primeiro UFC, por que não me colocara como representante da família? Mesmo que meu pai e Rorion tivessem dito que haviam escolhido Royce porque ele parecia jovem e inofensivo, eu sabia que não era só isso. Eles podiam controlar Royce, mas, ao abrir minha própria escola, eu provara que não sucumbiria ao controle deles.

Então, treinei Royce para seu primeiro UFC. Comigo como seu corner, ele venceu o primeiro torneio da organização e abriu os olhos dos Estados Unidos para o poder do jiu-jítsu. Depois de vencer o segundo campeonato, muitos achavam que ele era o homem mais perigoso do mundo.

O sucesso de Royce colocou Rorion no topo do mundo. Ele tinha tudo o que trabalhara para conseguir. Porém, quando tentou controlar a família Gracie inteira e determinar o curso do jiu-jítsu nos Estados Unidos, cometeu um erro fatal. No começo, todos estavam

100% com ele, mas, com o tempo, o jiu-jítsu Gracie se tornou o jiu-jítsu Rorion e, por fim, o jiu-jítsu brasileiro. Nossa família era muito grande e muito combativa para ser comandada por um homem só. Como Rorion não respondeu aos nossos esforços com gratidão, amor e respeito, nossa família se fragmentou. Não estávamos mais unidos; era cada um por si.

Depois de vencer o UFC 2, Royce me agradeceu em frente às câmeras e disse ao mundo que eu era dez vezes melhor no jiu-jítsu do que ele. O país que mais se intrigou com esse comentário foi o Japão, onde o MMA já estava estabelecido. Quase uma década antes do UFC, o lutador japonês Satoru "Tiger Mask" Sayama estabelecera a organização de luta Shooto. Embora não fosse vale-tudo, Shooto foi a primeira organização de luta a permitir tanto o striking quanto o corpo a corpo.

Eu estava cada vez menos interessado em lutar no UFC e nos Estados Unidos. Em vez de um teste verdadeiro de artes marciais, acabava sendo apenas um espetáculo de violência, cuja propaganda prometia "SEM REGRAS". Por terem sido criados com wrestling profissional e filmes do Jackie Chan, o público dos Estados Unidos não entendia de luta e vaiava sempre que um lutador ia para o chão.

E mesmo que gostasse de ensinar jiu-jítsu, surfar pela Califórnia, criar meus filhos ali e fazer novos amigos nos Estados Unidos, depois de todo o treinamento, sacrifício e trabalho duro, eu estava ansioso por uma luta. Vitória, derrota ou empate, eu sabia que era a hora de deixar minha marca nas artes marciais. E mesmo que nunca tenha me definido como um "lutador", acreditava que, como artista marcial e professor de jiu-jítsu, precisava lutar para validar o que ensinava aos alunos.

Os promotores japoneses queriam que eu lutasse em Shooto, e isso parecia interessante, mas eles me ofereceram troco de pinga como pagamento. Em 1994, finalmente foram sérios o suficiente e me ofereceram 50 mil dólares para lutar e mais 50 mil se ganhasse o Vale-Tudo Japão daquele ano. A oportunidade de lutar no Japão era algo que eu busquei a vida toda. Serviria não só para estabelecer minha independência financeira, como também meu orgulho. Foi muito difícil ficar no banco e assistir ao mundo tratar Royce como o maior lutador de todos os tempos, quando ele não era nem o melhor da família.

Ao saber da proposta dos japoneses para que eu lutasse em Tóquio, Rorion manifestou sua discordância caso eu aceitasse. Se eu fosse, seria contra o desejo da família, e não teria nenhum apoio. Decidi ir mesmo assim, porque sabia, lá no fundo, que essa luta mudaria minha vida para sempre.

Pedi a Royce que fosse meu corner, como eu fora para ele no UFC, mas ele recusou por conta do nosso irmão mais velho. Fiquei desapontado pela falta de apoio. Eu salvara Royce de um ataque de pânico total antes de sua primeira luta no UFC 1. Duvidava que as coisas teriam saído da forma como saíram se eu não estivesse ao lado dele a cada passo. Mesmo que meu pai e meu irmão fossem completamente contra minha luta no Japão, como campeão indiscutível da família, eu não precisava da permissão deles. Tinha dado conta de vencer todos os que haviam me desafiado por duas décadas.

Capítulo 11

CAMPO DE TREINAMENTO

UMA VEZ QUE O CONTRATO ESTAVA ASSINADO, A DATA, MARCADA, E EU, comprometido com uma luta, meu único foco era a preparação para o evento. Sentia intensamente o peso das expectativas, mas não podia deixar que isso me afetasse. Sabia que, em poucos meses, seria apenas eu diante da multidão, praticamente nu, completamente exposto e sozinho.

Para vencer o torneio japonês de vale-tudo, teria de vencer três lutas em uma única noite. Havia apenas uma fórmula para o sucesso, que era não deixar nada ao acaso. Para mim, o processo mental de deixar de lado amigos e família era muito pior do que os protocolos de treinamento físico. Cada pessoa treina do seu jeito e tem os próprios rituais para ganhar confiança. Antes de uma grande luta, muitos lutadores se afastam da sociedade e vão para algum lugar sem distrações, de modo a focar apenas no treinamento e na luta.

Muhammad Ali comprou terras na Pensilvânia, nos Estados Unidos, e construiu um espaço com um ringue de boxe, um refeitório, uma mesquita e algumas cabanas simples de madeira. Mesmo quando era campeão mundial de peso-pesado, Ali dormia em uma cabana de um cômodo sem eletricidade nem água corrente, e usava apenas a lareira e lamparinas a óleo para aquecimento e iluminação. Todas as manhãs, às 4h30, um alarme soava, então, ele se levantava, amarrava os cadarços das botas de combate e saía. Corria por cerca de dez quilômetros nas montanhas, cortava lenha, tomava café da manhã e tirava um cochilo. Depois do almoço, praticava *sparing* por uma hora e meia, e depois do jantar jogava cartas. Ia dormir às 22 horas.

Eu fazia a maior parte do pré-treino em Los Angeles, separado em três blocos de seis semanas. No primeiro bloco, levantava pesos bem pesados em *sets* curtos quatro vezes por semana. Meu objetivo era quebrar o tecido muscular, porque os músculos crescem depois que as fibras são danificadas e reparadas pelo corpo.

Cardio, meu segundo bloco de treino, era sempre o mais agonizante. Quando fazia cardio, meu objetivo era acelerar os batimentos cardíacos para então usar técnicas de respiração, de modo a baixá--los o mais rápido possível. Pelo menos quatro vezes por semana, eu subia as escadarias do Cânion Santa Monica, mas, se estivesse disposto, enfrentava meu mais temido adversário: as dunas de areia perto do Point Mugu.

Eu podia correr para cima e para baixo pelas dunas quinze vezes, e nunca ficava mais fácil. Após a subida, meus batimentos iam a 190. Na descida, baixavam para 120. Em vez de levantar pesos pesados quatro vezes por semana, agora trabalhava com pesos mais leves e com mais séries de repetição, duas vezes na semana.

No terceiro e último bloco de treino, levantava pesos leves duas vezes por semana e fazia sessões curtas de cardio três vezes, mas o foco principal era no jiu-jítsu. Toda manhã, fazia um treino intenso de jiu-jítsu de duas horas, que consistia em exercícios, clinchs e finalizações. Na parte da tarde, colocava os alunos em fila e lutava com um adversário fresquinho atrás do outro. Não usava o Gi, para

me acostumar com o corpo suado escorregadio. Eram sessões longas, controladas, nem um pouco explosivas. Meu objetivo era acumular estamina, ficar em forma e evitar ferimentos desnecessários.

Independentemente do bloco, sempre mantinha a rotina de exercícios e alongamentos de bioginástica. Eu tentava variar as rotinas para mantê-las interessantes. Às vezes, em vez de me balançar nas argolas, escalava os postes de metal que as seguravam como se fossem palmeiras. Em outras, usava as barras paralelas como se fossem traves de equilíbrio, ficando num pé só e tentando trazer o outro para perto da cabeça.

Nunca usava despertadores durante o período de treinamento e dormia quanto fosse necessário para estar com o corpo completamente descansado. Ao me levantar, media os batimentos cardíacos. Se estivessem a 54 bpm, era dia de treinar. Mas, se estivessem a 60 bpm, significava que eu estava perto do limite de excesso de treinamento, e era dia de descansar e me recuperar.

Levar-se ao limite não é a mesma coisa que excesso de treinamento. Músculos doloridos se recuperam em poucos dias, mas os efeitos colaterais do excesso, a fadiga e doenças constantes podem demorar semanas ou até meses para passar. Muitos lutadores não percebem quanto os treinos exigem do corpo, especialmente do sistema imunológico. É importante que atletas de alto nível de qualquer esporte tenham isso em mente, porque um sistema imunológico comprometido dificulta manter a saúde em dia.

A nutrição sempre foi uma parte importante dos meus campos de treinamento. Minhas refeições eram 40% proteína, 30% gordura e 30% carboidratos. Diferente de Muhammad Ali, que supostamente celebrou sua vitória contra George Foreman com doze ovos, dois bifes e sorvete, minha dieta nunca teve ciclos de altos e baixos. Cresci em uma família de lutadores que seguiam uma dieta muito séria. Levávamos o corpo ao limite o dia todo, todos os dias, então a comida ingerida precisava nos dar o máximo de energia, ser de fácil digestão e nunca deixar ninguém inchado, cheio ou se sentindo pesado. Mesmo muito criança, aprendíamos que a comida é fonte de nutrição, e não de prazer.

Há mais de cem anos, meu tio Carlos Gracie inventou uma dieta, que foi seguida por gerações de lutadores Gracie. Ele acreditava que a chave para a boa saúde e uma vida longa era manter o nível do pH do sangue o mais neutro possível. O objetivo do meu tio era deixar o corpo em um estado de equilíbrio ao considerar cuidadosamente quais comidas, pensando em digestão e nutrição, combinavam bem juntas. Ele distribuía os alimentos nas seguintes categorias:

1. Proteína animal, vegetais, gorduras e comidas oleosas;
2. Amidos;
3. Frutas doces, queijos frescos e requeijão;
4. Frutas ácidas;
5. Leite;
6. Bananas verdes.

CAMPO DE TREINAMENTO

Havia muito pouco espaço para lanchinhos na dieta Gracie, e as refeições eram feitas a cada quatro ou cinco horas, para que o corpo tivesse tempo de absorver os nutrientes a cada vez que comíamos. Tão importante quanto o que se come é quando se come e quais alimentos são, ou não, misturados. Por exemplo, a ingestão de frutas ácidas nunca era combinada com nenhuma outra coisa. Nunca misturávamos mais de um tipo de fonte de amido, como arroz e feijão. Minha família também nunca comia sobremesas depois de qualquer refeição. As frutas e os açúcares naturais que ingeríamos eram uma refeição separada. As comidas sempre eram todas muito saudáveis, sem farinha branca, açúcar refinado ou alimentos processados.

Por sempre precisar estar preparado para a luta, eu seguia a dieta básica dos Gracie quase o tempo todo. Quando estava me preparando para uma luta específica, seguia uma versão diferente. Eu não considerava mais a dieta Gracie algo escrito em pedra. Cada membro da família a interpretava de uma maneira diferente, e funcionava muito bem para eles. Quando meu filho Kron treina para suas lutas, ele come muito pouco durante o dia, mas, depois de terminar o treinamento, faz duas refeições grandes, com duas horas de intervalo entre elas.

Enquanto me preparava para o Japan Open, comecei a trabalhar com um nutricionista. Em certos momentos, eu me sentia fraco, como se meu corpo não estivesse recebendo nutrientes o suficiente, então passei a fazer refeições menores, em intervalos mais curtos. Em vez de comer três vezes ao dia, optava por seis ou sete refeições. E mesmo comendo carne, preferia frango orgânico e peixe fresco como fonte de proteína. Os pães e cereais eram ricos em fibras e multigrãos. É difícil obter toda a nutrição de que precisamos apenas da comida, por isso o nutricionista incluiu suplementos vitamínicos em minha dieta. Percebi que essas mudanças me davam a capacidade de forçar ainda

CONFORTO NA ESCURIDÃO

mais o corpo durante o treino. Notei não só um aumento de poder como também recuperação mais rápida.

Em um dia típico de treino, começava bebendo uma grande quantidade de água para hidratar o corpo, porque não era incomum que eu suasse entre 1 e 2 quilos (1 a 2 litros) em um único treino. Também queria que meu estômago e meus intestinos estivessem o mais vazios possível durante as sessões. Depois do primeiro treino, eu geralmente tomava um café da manhã tardio, composto de pão integral com duas fatias de queijo branco e peito de peru. Se tivesse uma sessão de jiu-jítsu no meio do dia, almoçava mais tarde um prato de verduras, castanhas-de-caju, vegetais cozidos no vapor, arroz integral e peito de frango assado, bebia mais água e deixava o corpo descansar.

Depois da última sessão do dia, alongava, diminuía o ritmo e fazia um inventário do corpo. Fazia notas mentais de todas as dores, distensões ou lesões, para contorná-las no dia seguinte. Por fim, no jantar eu comia uma omelete de cinco ovos (com apenas duas gemas) e uma batata-doce e, se meu corpo pedisse mais, comia um bife de lombo orgânico. Seguido de mais água e uma boa noite de sono.

No período de preparação para o Japan Open, as semanas se misturaram aos meses e, antes que eu percebesse, de repente estava falando com os alunos uma última vez antes de partir para o Japão. Pude ver o orgulho em seus olhos quando disse que eles eram minha inspiração para aquela luta. Tinha muita afeição pela primeira geração de alunos que treinei nos Estados Unidos. O suporte deles foi uma ajuda para me emancipar de Rorion, assim como a confiança que depositaram em mim fortaleceu também minha própria confiança.

Por mais duro que eu tenha treinado na Califórnia, a parte espiritual mais importante do treino foi no Japão. Semanas antes da luta, cheguei a Tóquio com minha ex-esposa, Kim, nosso filho Rockson e meu irmão Royler. Depois de passar pela imigração, meu empresário japonês nos levou direto para uma casa nas montanhas perto de Nagano. Agora, eu podia me voltar ainda mais para meu interior.

Minha primeira luta no Japão era tão importante para mim que fui para lá semanas antes, a fim de ter tempo para me aclimatar e ficar totalmente confortável no novo ambiente. E não falo só do jet lag; queria me conectar com o Japão em um nível mais profundo ao imergir em sua cultura e natureza. Para mim, a coisa mais importante da preparação espiritual era me conectar com a natureza. Acredito que sol, água, ar, areia, pedras, árvores e montanhas são seres vivos. Não servem apenas para me dar força e energia; também me conectam a um universo muito mais amplo.

Nos dias nas montanhas, meu irmão, meu filho e eu nos exercitamos, fizemos trilhas e jiu-jítsu de baixa intensidade. Em alguns dias, quando não acordava me sentindo 100%, dizia a Royler: "Sem treino hoje, vou descansar". Ele costumava ficar surpreso, mas eu não deixava que suas expectativas me afetassem. Treinar apenas pela autodisciplina não faz sentido e me parece superficial. Eu sempre fui muito consciente quanto a evitar lesões desnecessárias e não entendia por que lutadores simulam lutas ou aumentam a intensidade dos treinos antes de um combate. Os riscos são muito maiores do que as recompensas. Mais importante, o momento para o trabalho duro já havia passado; era tarde demais para obter ganhos significativos.

Depois de almoçar, eu caminhava sozinho floresta adentro e me sentava. Às vezes, entalhava um cajado para apoio, mas na maior parte das vezes apenas pegava um galho de árvore e o afiava levemente. Meus pensamentos estavam focados apenas na lâmina e na madeira. Esse simples ritual diário me ajudava a limpar e esvaziar a mente de todas as distrações. Por fim, voltava para a casa na floresta e fazia uma refeição caseira com ingredientes frescos. A cada dia me sentia mais poderoso e mais habituado ao Japão.

Muitos dos grandes lutadores têm rituais pré-luta que parecem lhes dar uma vantagem sobre os adversários. Kimura fazia mais flexões do que qualquer um, e treinava por mais tempo do que todo mundo. Ali acordava às 4h30 da manhã para correr, como já vimos. Tyson praticava sparring por dez rounds sem capacete. Eu também tinha um ritual pré-luta que aumentava minha confiança. Havia um rio alimentado pela neve perto da casa, e duas vezes por semana eu vestia a sunga, colocava uma máscara e um snorkel e mergulhava de uma só vez na água congelante. A imersão em água muito gelada ativa os instintos mais primitivos de sobrevivência. Os banhos de gelo, tão populares hoje, são um choque no sistema, mas não chegam perto do que eu fazia.

No instante que minha cabeça afundava na água, eu sentia que estava sendo queimado vivo enquanto alguém enfiava estacas de gelo em meu cérebro. Pelo menos ser queimado vivo é uma morte rápida. Já o congelamento é uma morte lenta. O primeiro instinto

do corpo é respirar, então controlar a respiração em pânico e baixar os batimentos cardíacos sempre foi meu primeiro e mais difícil objetivo. Depois de cerca de um minuto, a dor passava. Quando saía do rio, eu me sentia aquecido interiormente, como se o poder do universo estivesse dentro de mim.

Meu último ritual aconteceu na noite antes de viajar a Tóquio para a luta. Fui até a floresta e coloquei fogo em uma pilha de madeira que havia coletado durante minha estadia. Conforme aquilo queimava, agradeci a oportunidade de representar minha família e o jiu-jítsu, então, fiquei observando as chamas até que se apagassem. Eu estava pronto.

Quando cheguei a Tóquio para a coletiva de imprensa antes da luta e para a reunião dos lutadores, me sentia profundamente conectado ao Japão e estranhamente desconectado dos outros lutadores. A maioria havia acabado de sair do avião e parecia não estar familiarizada com o ambiente. No dia da luta, cheguei ao estádio muito cedo e tirei um cochilo nos vestiários. Ao acordar, agradeci a Deus pela minha vida, e reconheci que aquele era um bom dia para lutar e, se preciso, morrer. Depois, me exercitei um pouco, suei e aumentei a frequência cardíaca. Meu aquecimento antes da luta era tanto relacionado a me conectar com meus sentidos quanto a suar e soltar a musculatura. Quando estava conectado, focava apenas na minha missão e visualizava o que precisava cumprir ali. Embora a vitória fosse meu principal objetivo, estar muito apegado a um resultado poderia afetar meu desempenho.

Por fim, eu meditava, usava técnicas de respiração para baixar a frequência cardíaca para 60 bpm e esperava me chamarem para o ringue. Eu me sentia física e mentalmente forte, mas também vazio, sozinho e resignado com meu destino. Durante o caminho para o ringue, sentia como se meu radar estivesse ligado. Eu não tinha

CONFORTO NA ESCURIDÃO

planos, estratégias ou expectativas. O engajamento começava no segundo que cruzava meu olhar com o do meu adversário dentro do ringue. Usava minha intuição para entender as emoções dele e obter a primeira leva de pistas. Ao fazer isso, deixava minha intuição, e não minha mente ou minha racionalidade, me guiar.

Quando o sino soava, não havia espaço para ideias que não fossem agir sem hesitação ou misericórdia. Não importava se fosse uma troca de socos ou técnicas de grappling, meu objetivo era deixar o adversário desconfortável, porque assim ele ficaria desesperado até que me oferecesse uma chance. Também era importante que eu estivesse confortável e nunca tentasse me segurar às oportunidades perdidas. Fazia isso ao restabelecer a base e reavaliar as opções.

Naquela noite, meus adversários pareciam despreparados e sobrecarregados pelas regras do vale-tudo e pelos longos rounds. Nas horas seguintes, derrotei um wrestler e dois strikers em menos de seis minutos totais de luta. Quando venci a última luta e o árbitro levantou meu braço, eu não subi nas cordas para comemorar como um babaca. Em vez disso, apertei a mão do meu adversário e me curvei para a plateia. Não estragaria o momento agindo sem retidão marcial. Os fãs japoneses e eu criamos um vínculo profundo naquela noite. Eles me entenderam de maneiras que nem eu mesmo entendia ainda. Foi um dos melhores momentos da minha vida. Não apenas trouxera uma arte marcial japonesa de volta ao Japão como a usara para derrotar todo mundo. Eu me senti como uma criança perdida que, finalmente, encontrara o caminho de casa.

Capítulo 12

PERMANECENDO NO TOPO

QUALQUER CAMPEÃO EM QUALQUER ESPORTE CARREGA UM GRANDE peso nos ombros, porque ele é a pessoa a ser derrotada. Alguns se valem de habilidades naturais, outros de trabalho duro. O que me distinguia dos demais lutadores da minha família, e acredito que seja uma das razões que me fez permanecer invicto por tanto tempo, era que eu sempre focava em minhas fraquezas. Mesmo quando era campeão, minha mente nunca estava na última vitória, e, sim, na próxima batalha.

Meu dia a dia mudou muito pouco depois que venci no Japão. Após uma breve viagem para surfar, voltei a Los Angeles com o objetivo de ensinar e treinar na minha academia. Agora, as pessoas me tratavam como alguém poderoso por causa da recente vitória no Japão. Não deixei essa bajulação me afetar. Eu não havia encontrado a cura para o câncer ou estabelecido a paz na Terra. Não era um rei, nem um santo, e nunca me permiti perder de vista o fato de que sou apenas um mero mortal que, por acaso, é bom em jiu-jítsu. Não podia me permitir pensar que era de algum modo mais importante do que os outros, ou acabaria por me tornar o que as pessoas esperavam que eu fosse, e não quem eu realmente era. Ser humilde e viver com simplicidade me ajudou a manter o equilíbrio em minha vida, mas, às vezes, isso é mais fácil de falar do que fazer.

Quando eu ia a algum campeonato de jiu-jítsu ver meu filho competir, todo mundo sabia quem eu era, e a todo momento alguém me pedia um autógrafo ou uma foto comigo. Todos me diziam quão bom eu era, algo que eu considerava ao mesmo tempo agradável e perigoso. Qualquer campeão que acredite na própria fama e grandeza não será campeão por muito tempo.

Além de me cercar de pessoas que me mantinham honesto, também desenvolvi estratégias que me ajudavam a colocar as coisas em perspectiva. Se comparecia a um campeonato de jiu-jítsu, eu dava uma volta sozinho a algum lugar público lotado assim que a luta terminava. Talvez uma em cem pessoas me reconhecesse. Para a maioria das pessoas eu era apenas mais um latino em Los Angeles.

Muitos grandes lutadores têm dificuldade de sustentar a grandeza. Alguns se tornam complacentes no topo da pirâmide e relaxam. Outros abandonam a estratégia e as táticas que os tornaram campeões. Alguns sucumbem às expectativas alheias.

Mike Tyson cresceu nas ruas e não estava nem um pouco preparado para o que lhe aconteceu ao se tornar o campeão de peso-pesado mais novo do boxe. Depois de se casar com uma atriz, ele se perdeu no mundo do dinheiro e da fama. Quando seu treinador e figura paterna, Cus D'Amato, morreu, Tyson perdeu o rumo. Seu maior erro foi ter substituído seus treinadores e instrutores de longa data por um novo time, que o encorajou a se afastar de suas estratégias de eficiência comprovada. Não apenas sua carreira como boxeador desmoronou, mas também sua vida.

Sabendo que todo lutador tem um prazo de validade, meu objetivo era treinar e lutar de forma inteligente e estender meu tempo o máximo que pudesse. Mesmo que nunca tenha dependido de um treinador ou instrutor, recebi muita força da minha família e de meus amigos. Sempre fui muito consciente e seletivo a respeito de quem queria ao meu lado durante os treinos e no momento da luta. Três das minhas fontes de suporte mais importantes eram meu irmão Royler, meu filho Rockson e meu melhor amigo, Sergio Zveiter. No fim, eles foram meus corners em todas as lutas do Japão.

No caso do meu filho, ele era meu aprendiz. Rockson queria ser lutador, então eu queria mostrar, e não simplesmente contar, a ele o que era necessário para ser um campeão. Tínhamos uma relação bem próxima, e o campo de treinamento no Japão nos aproximou ainda mais. Eu mal podia esperar pelo dia em que ele estivesse no ringue, e eu, no corner.

Infelizmente, depois que deixei de ser corner de meu irmão Royce para focar em minha carreira, seu reinado como campeão do UFC chegou ao fim. Ele não apenas não conseguiu defender seu título no UFC 3 como, depois de um empate com Ken Shamrock, em 1995, ficou sem lutar por cinco anos. Com Royce fora da jogada, meu pai e Rorion queriam que eu lutasse no UFC para recuperar a reputação da família. Porém, em 1995, eu não tinha o menor interesse pelo espetáculo estadunidense, queria lutar apenas no Japão.

Um dia eu teria tempo de olhar para trás e refletir sobre minha carreira como lutador, mas aquela não era a hora. Era a fase de treinar e buscar novos desafios que me mantivessem humilde e afiado. Orlando me ensinara que chegaria o dia em que eu falharia, e como faria para me recuperar seria meu teste final.

Depois de vencer o primeiro Japan Open, sabia que os maiores desafios que enfrentaria como campeão seriam mentais. Eu me recusava a me ver como um campeão invicto. Constantemente dava um jeito de me prejudicar e criava desafios que traziam o gosto da derrota. Certas vezes, dizia aos alunos que me limitaria a apenas um ataque específico em apenas um membro específico. Em outras, lutaria sem usar as mãos, ou colocaria um limite de tempo para derrotar os adversários. Quando os campeões mundiais de jiu-jítsu iam a Los Angeles para competir, eu abria as portas da minha escola e treinava com muitos deles. Também tinha vários alunos capazes de me manter afiado e motivado.

Por mais durões que os policiais, seguranças, soldados, lutadores olímpicos e de kickboxing que frequentavam minha academia fossem, para encontrar o inferno, e depois o conforto, eu geralmente ia ao Oceano Pacífico. Surfar grandes ondas era uma das minhas formas favoritas de me testar e ir até o limite físico e emocional, porque é um exercício complexo de resolução de problemas.

Quem nunca surfou pensa que é tudo diversão, sol e biquínis. Nada poderia estar mais longe da realidade do surfe. Como o jiu-jítsu, o surfe é um esporte incrivelmente difícil e muitas vezes brutal. Durante o período de aprendizado, há muito mais dor do que prazer. E, mesmo depois de se tornar proficiente, os segundos de satisfação que se experimenta ao pegar uma onda são pequenos perto das horas remando e sendo massacrado pelas ondas.

Eu cresci no mar, e não há nada que me deixe mais aterrorizado do que um oceano revolto. É um poder infinito e poderoso demais para se bater de frente. Quando eu luto, é apenas contra outro homem. Se eu for inteligente e preciso, em algum momento vou achar uma oportunidade de impor minha vontade. Mas nenhum homem é capaz de criar o mesmo nível de pânico e desconforto de um oceano.

Quando o tempo estava bom para surfar, eu costumava dirigir para o norte até Rincon Point, lar de algumas das maiores e perfeitas ondas de inverno da Califórnia. Quando as condições estavam boas, era possível surfar uma delas por centenas de metros. Em um determinado inverno, um enorme *swell* — o movimento do oceano formando ondas — noroeste atingiu a costa, e decidi que era um bom dia para me testar. Fiquei parado, nervoso, no topo do point com a prancha debaixo do braço. Remar nesses dias requeria muita estratégia e timing, assim como força física. Durante um longo intervalo de *swell* de inverno, o Oceano Pacífico é como um boxeador: despeja sua fúria em rajadas de ondas chamadas de séries — uma série pode ter até uma dúzia de ondas, mais ou menos, e há também longos intervalos entre elas, chamados de períodos.

Pulei das pedras e, no segundo que a prancha bateu na água, uma correnteza como a de um rio me puxou para o sul em direção à boca do rio, onde as ondas quebravam com o máximo de ferocidade. Pior ainda, meu timing foi ruim e havia uma série grande vindo no horizonte. A primeira onda quebrou muito além de mim. Tentei me segurar na prancha, mas a parede branca de água a arrancou facilmente da minha mão. E, mesmo que estivesse presa por uma corda de uretano, chamada de *leash*, eu não conseguia recuperá-la, porque estava muito ocupado afundando nas séries de imensas avalanches de água.

Quando finalmente recuperei a prancha e comecei a remar, estava muito no fundo da enseada. Precisaria remar contra a correnteza para voltar à boca do rio, onde poderia pegar as ondas. O tempo todo que remei, fiquei observando os caras mais velhos em trajes de mergulho com capuz surfando em pranchas grandes, antigas e de uma só nadadeira. Eles não eram exibidos: se mostravam calmos e precisos. Um espetáculo de assistir. Enquanto eu estava assustado e lidando com meus medos, homens muito mais velhos e mais fracos surfavam e se divertiam.

CONFORTO NA ESCURIDÃO

Finalmente, cheguei à boca do rio, exausto de tanto remar, mas determinado a pegar pelo menos uma onda. Em ondas desse tamanho, é preciso se comprometer totalmente com uma delas. Quando uma série se aproximava, meu foco se tornava afiado. Remei em direção à primeira onda totalmente comprometido. Ao sentir a onda me levantar, fiquei de pé. A rebentação era grande, e quando vi a muralha de água se formando na minha frente, me virei cedo demais. Em um milissegundo, minha visão do paraíso de um passeio de cem metros se transformou em pesadelo quando o vento da costa pegou na prancha e a borda da onda e eu nos tornamos um.

Um metro cúbico de água pesa mais ou menos uma tonelada. Essa onda tinha pelo menos 4,5 metros, então fui empurrado por toneladas de água em um violento redemoinho de espuma. A *leash* se retesou e rompeu, e meu coração afundou sabendo que tinha perdido a prancha.

Ao emergir na superfície, tomei uma golfada de ar e afundei outra vez. Por fim, houve um momento de calmaria, e eu comecei a hiperventilar para levar o máximo de oxigênio possível para a corrente sanguínea. Meus problemas se multiplicavam com rapidez. A correnteza me levava para o paredão de pedra, e eu tinha uma janela de 70 metros para chegar à costa. Se não conseguisse, precisaria tentar escalar o paredão sem ser esmagado contra ele ou nadar mais quase um quilômetro ao sul e tentar chegar à costa da praia La Conchita.

Meu processo de raciocínio era o mesmo usado por vários outros lutadores e pilotos para tomar decisões em batalha. Chamado de OODA (Observar, Orientar, Decidir e Agir) Loop, os pilotos primeiro observam a situação a ser enfrentada. Depois, orientam-se, aceitando a realidade e considerando as opções. Então, decidem um curso de ação e, finalmente, agem com comprometimento total.

Eu estava perto do meu limite físico, então decidi agir decisivamente e nadei até a zona de impacto, a área de arrebentação das ondas, com força total. Se ficasse no fundo da água afundando entre as ondas, não só me cansaria demais como não chegaria nunca à costa. Parece contraintuitivo, mas tem hora no surfe que é melhor usar o poder do oceano em seu favor, mesmo que isso signifique tomar umas ondas na cabeça.

A primeira onda grande que quebrou na minha frente me mandou na direção da costa dando cambalhotas embaixo d'água. Trinta segundos e mais uma onda depois, meus pés atingiram as rochas, e eu consegui subir antes de atingir o paredão. Embora só tivesse pegado uma onda, cortado o pé e apanhado do mar, fui inundado por um sentimento de completude. Depois de um desastroso choque, ficara calmo, suprimira o pânico e bolara um plano para chegar à costa, perfeitamente executado. Minha habilidade de permanecer calmo no olho da tempestade logo seria testada outra vez.

Capítulo 13

SEGUINDO
MEUS PASSOS

EM 1995, DEFENDI MEU TÍTULO COM SUCESSO NO SEGUNDO JAPAN OPEN. Depois de derrotar três adversários na mesma noite pela segunda vez, disse aos promotores japoneses que, dali em diante, lutaria apenas lutas individuais. E mesmo que eles tenham concordado em me pagar mais do que a qualquer outro lutador de MMA na época, também insistiram que eu lutasse apenas contra lutadores japoneses.

Além dos treinos, eu passava agora muito mais tempo com médicos e fisioterapeutas. Minha lista de lesões só aumentava. Minhas costas, meu quadril, meu pescoço e meus ombros estavam se desgastando, e as lesões eram um lembrete de que eu não poderia seguir lutando para sempre.

Depois de derrotar o lutador japonês mais popular, Nobuhiko Takada, em 1997, e de novo em 1998, eles me colocaram contra a grande estrela do MMA japonês e meu adversário mais difícil até aquele momento: Masakatsu Funaki. Ele havia derrotado Bas Rutten e os dois irmãos Shamrock, além de ser uma década mais novo e uns 20 quilos mais pesado que eu. Funaki era um guerreiro experiente e um oponente formidável.

Minha rotina pré-luta permanecia a mesma. Fazia o treinamento principal em Los Angeles e depois voltava à mesma casa no Japão semanas antes da luta. Ali, eu podia me aclimatar, isolar e preparar espiritualmente para o evento.

Em maio de 2000, quando voltei ao Domo de Tóquio para lutar contra Funaki, sabia que seria uma guerra. Funaki diria mais tarde que não considerava aquela uma luta de MMA, e sim um combate *kakutougi*. Muito mais sério que o MMA, o *kakutougi* não prevê pausa da arbitragem ou para atendimento médico, e a derrota pode significar a morte. Meu oponente nem ao menos permitiu que seus corners trouxessem uma toalha para jogar no ringue e parar a luta.

A batalha começou, e nos *clinchamos* e acabamos no canto, trocando socos e joelhadas. Funaki estava focado principalmente em evitar que eu o derrubasse. Com nove minutos de luta, ele me agarrou pelo pescoço e tentou um estrangulamento guilhotina. Essa era a oportunidade para derrubá-lo no chão, então o fiz. Atingimos o solo com Funaki em cima de mim, e enquanto eu estabelecia a guarda, fui atingido por um soco de direita que quebrou os ossos da minha órbita ocular. De repente, eu não enxergava. Funaki não percebeu a extensão do meu ferimento, ficou de pé em um salto e começou a chutar minhas pernas.

Naquele momento, minha base psicológica foi tão importante quanto a física. Acima de tudo, eu não podia deixar que meu adversário soubesse quanto eu estava ferido. O objetivo principal era preservar a distância entre nós para que ele não conseguisse me acertar um chute na cabeça ou um soco de nocaute. Toda vez que Funaki chutava minhas pernas e pés, 60 mil fãs japoneses comemoravam. Lidei com a punição e tentei não me deixar levar pela emoção contagiante da multidão. Não podia deixar que meu ego tomasse a frente.

As palavras de Orlando Cani me vieram à cabeça — "Todos os atletas falham; o que separa os melhores dos bons é a habilidade de se recuperar do fracasso" —, e minha perspectiva subitamente mudou. Eu não via mais tudo isso como um desastre, mas como um teste único na vida para minhas habilidades de artes marciais. Agora, me sentia estranhamente calmo, como se esse fosse o desafio para o qual treinara a vida toda. Considerei minhas opções, sabendo que a próxima decisão estratégica seria responsável pelo meu sucesso ou minha ruína. Meu irmão gritava "Fique de pé! Levante!". Se eu me levantasse, Funaki podia até não perceber que eu estava muito machucado, mas eu não conseguiria lutar sem enxergar. Se ficasse no chão e não tentasse me levantar, ele saberia que eu estava machucado, mas não a extensão da lesão. Para isso, eu precisaria deixar que Funaki me chutasse mais de trinta vezes. E mesmo que não fosse a situação ideal, me daria tempo para me recuperar. Eu gastei mais de um minuto deitado, e enquanto bolava uma estratégia para lutar cego, parte da visão voltou.

A chuva de chutes sem resposta de Funaki o deixara complacente, e quando vi quanto estávamos próximos, chutei seu joelho; foi o suficiente para pegar distância e me levantar. Agora de pé, enxergando pouco, eu queria acabar a luta o mais rápido possível. E por saber que eu estava machucado, Funaki não esperava que eu fosse agressivo, então o ataquei. Usei chutes seguidos de joelhadas para derrubá-lo, subir em posição montada e atingir o rosto de Funaki com socos fortes de direita e esquerda. Quando prendi seu braço, ele ficou basicamente indefeso, e eu continuei com golpes brutais de direita que abriram seu supercílio. A coragem de Funaki não se abalou nem por um segundo.

CONFORTO NA ESCURIDÃO

Quando encontrei seu olhar atordoado, soube que era hora de terminar a luta, então subi nas costas dele e o estrangulei. Mesmo em uma situação sem saída, ele se recusou a bater. Como eu, ele preferia morrer a se entregar. O árbitro não me parou; eu mesmo fiz isso quando senti o corpo de Funaki amolecer. Quando meu adversário finalmente recuperou a consciência mais tarde, disse que estava muito alegre por ainda estar vivo. Funaki foi um guerreiro

valente, que me forçou a usar todas as minhas habilidades de artes marciais para vencê-lo. Acima de tudo, fiquei muito impressionado com seu coração.

Aceitação, fé, esperança e paciência me permitiram manter sob controle os sentimentos de pânico e medo. Em momento algum perdi a base mental, nem tomei decisões desesperadas que me levariam à derrota. E por Funaki não notar a extensão dos meus ferimentos, ele não aproveitou a janela de oportunidade para terminar a luta. Em certos momentos na vida, não haverá boas opções, e será preciso escolher a menos ruim. Ainda bem que Orlando Cani me ensinou que um dia eu falharia e precisaria trocar as qualidades de um leão pelas do sobrevivente final, o rato. Eu acreditava que isso seria apenas temporário. Mal sabia eu que essa seria minha nova realidade e que eu nunca voltaria a ser o leão.

Capítulo 14

QUEDA LIVRE

LUTAR É, POR NATUREZA, UMA OCUPAÇÃO ANORMALMENTE SOLITÁRIA E egoísta. Por décadas, meu foco e o foco das pessoas ao meu redor estava em mim, na minha saúde, no meu treino, na minha dieta ou na minha próxima luta. Em retrospecto, consigo ver que deixei muitas coisas importantes de lado porque não as valorizava ou não reconhecia sua importância na época.

O dia 25 de novembro de 1981 foi um dos mais felizes da minha vida. Minha ex-esposa, Kim, deu à luz o nosso primeiro filho, Rockson. Meu coração disparou quando percebi que meu filho seria parte da quarta geração de lutadores Gracie. Antes que aprendesse a andar, eu movimentava os bracinhos e as perninhas dele com a intenção de começar a prepará-lo para uma vida agitada, como meu pai me preparara.

Conforme Rockson crescia, ele me lembrava do meu pai, porque era pequeno, incansável e estava sempre em movimento. Mesmo criança, tinha uma coordenação incrível e era destemido. Meu filho vencia todos os desafios que eu colocava à sua frente. Ele se

pendurava em cordas, fazia truques no trampolim, andava de skate e, é lógico, aprendia jiu-jítsu.

    Assim como eu, Rockson queria ser um excelente lutador Gracie e seguiu meus passos. Ele passou seus anos de formação como um Gracie, no Rio de Janeiro, na época que brigas de rua, invasão de escolas e partidas de desafio eram eventos comuns. Mais do que meus outros três filhos, Rockson foi criado pela matilha Gracie, assim como eu. Ele marcava presença regularmente nas academias mais famosas do Rio e, aos 7 anos, assistiu à minha luta com Hugo Duarte na praia do Pepê.

Rockson e eu nos mudamos para os Estados Unidos antes de minha esposa e das outras crianças. Mesmo tendo um excelente porte atlético, ele era pequeno para os padrões americanos, e isso o deixava inseguro. Ao descobrir que os garotos negros eram os mais durões da escola, correu até a quadra de basquete deles, roubou a bola e se enfiou na primeira de várias lutas, e eu recebi o primeiro telefonema do diretor. O que eu não sabia é que essas amostras recorrentes de coragem desmedida o aproximariam de alguns colegas de sala que viriam a ser membros de gangues.

Dada a popularidade crescente do jiu-jítsu nos Estados Unidos, e por ser meu filho, Rockson carregava um grande peso nos ombros. Ele abraçou o desafio. Aos 19 anos, já tinha vencido três Jogos Pan-Americanos e era um dos líderes na nova geração de lutadores Gracie. Mesmo assim, não era o suficiente para ele. No skate, surfe ou arranjando brigas nas festas — não importava a atividade —, ele testava os limites para além de qualquer coisa razoável ou racional.

Como eu, Rockson não via sentido na escola, porque só queria lutar e ensinar jiu-jítsu. Ele era um aluno habilidoso e dedicado à arte marcial de nossa família, e sempre se saía muito bem na academia, então eu fechei os olhos para seus maus comportamentos. Os sinais de que meu filho ia pelo caminho errado estavam ali, mas considerando meu próprio envolvimento com gangues e drogas no Rio, achei que era só uma fase e que ia passar. E mesmo que meu pai nos oferecesse conselhos, ele sempre deixava que tomássemos nossas decisões, ainda que não fossem boas; e eu fiz a mesma coisa com Rockson.

Além do jiu-jítsu, meu filho era um modelo de sucesso. No outono de 2000, Rockson se mudou para Nova York com a namorada modelo para trabalhar. Aprovei a decisão e pensei que uma mudança de cenário seria boa para ele. A cidade de Nova York era o epicentro do mundo da moda, e meu primo Renzo tinha uma ótima academia para Rockson treinar.

Ao chegar a Manhattan com a namorada, Rockson telefonou para avisar que estava tudo bem. Eu não tive notícias por mais de um mês depois disso e comecei a me preocupar, então pedi a Renzo que o procurasse. Ao descobrir que Rockson terminara com a namorada e sumira sem deixar rastros, meu primo temeu pelo pior.

Renzo pediu ajuda a um aluno que fazia parte da polícia de Nova York. Eles verificaram hospitais e depois foram até o necrotério, onde acharam a foto de um corpo sem identificação encontrado em um hotel barato de Nova York com suspeita de overdose. O policial o reconheceu pela tatuagem que dizia "Rickson Gracie, o melhor pai do mundo". Meu coração ficou em pedaços quando meu irmão mais velho, Rolls, morreu em um acidente de asa-delta em 1982, mas nada poderia ter me preparado para lidar com a morte do meu primogênito. No começo de fevereiro de 2001, peguei um voo sozinho para Nova York, confirmei por mim mesmo que Rockson se fora e voltei a Los Angeles com suas cinzas.

Pouco depois do funeral de Rockson, os promotores japoneses me ofereceram 5 milhões de dólares para lutar contra Kazushi "O Matador de Gracie" Sakuraba. Era o maior valor já oferecido a um lutador de MMA na época. Esse cara já tinha vencido meus irmãos Royce e Royler, além dos meus primos Renzo e Ryan. Por conta disso, mais uma vez eu era o último Gracie na linha de defesa. Precisei ser brutalmente honesto comigo mesmo. Representar minha família era minha razão de vida, meu propósito, mas eu não sabia se queria mais lutar. A luta contra Funaki fora uma batalha de tudo ou nada. Nós dois lutamos para ganhar naquela noite e demos tudo no ringue. Para derrotá-lo, precisei usar todos os meus recursos de artes marciais, a fim de me recuperar de um desastre que poderia ter resultado na minha derrota se não soubesse como lidar com aquilo.

Aquela luta foi a expressão máxima da minha arte marcial. Se dali em diante eu lutasse apenas por dinheiro, não seria mais um artista marcial. Eu vivia de acordo com um código pessoal que era bem parecido com o código Bushido (coragem, retidão, piedade, polidez, honestidade, honra, lealdade e caráter), e os fãs japoneses entendiam e me respeitavam por isso. Houve um tempo que eu acreditava ser o Gracie mais qualificado para representar o jiu-jítsu, mas a verdade era que, depois da morte de Rockson, eu não me sentia mais assim.

Do fundo do meu coração, eu sabia que era hora de me aposentar e abrir espaço para a próxima geração de lutadores Gracie. Considerando meu estado emocional e o de minha família, decidi não aceitar aquela que seria a luta mais importante da minha carreira. E mesmo que outras propostas surgissem nos anos seguintes, nunca voltaria a lutar. Eu não perdera apenas meu filho, e sim um dos meus amigos mais próximos e grande fonte de inspiração. Voltar ao Japão e lutar sem ele a meu lado era inimaginável. Pior ainda era saber que eu não teria a chance de estar ao lado dele vendo-o representar nossa família e nossas tradições.

Mesmo que Kim, nossos filhos Kauan, Kaulin e Kron e eu tenhamos ficado juntos e apoiado uns aos outros da melhor forma possível, nosso coração estava em pedaços. Depois da perda de Rockson, tudo desmoronou. Ao ver meus filhos começando a se recuperar e viver suas vidas, o luto me atingiu com mais força. Fui inundado pelo sentimento de perda irreversível e senti que estava preso a um pesadelo do qual não conseguia acordar. A dor era maior do que tudo o que eu já havia experimentado. Eu não tinha mais um propósito e não me importava com o futuro, minha vida se tornara

CONFORTO NA ESCURIDÃO

uma existência triste e vazia. Surfe, jiu-jítsu, meus amigos — nada me interessava mais. Não sentia entusiasmo, esperança ou prazer com nada.

Nada aplacava minha dor, e eu nem mesmo tentava escondê-la ou lutar contra ela. Não me importava com minha imagem, meu histórico invicto, minha fama ou mesmo com a minha vida. Sangrava por dentro e não tinha vergonha de que as pessoas me vissem sangrar. Para algumas pessoas, conversar ajuda, mas eu precisava passar pelo luto sozinho. Algumas vezes, achava que o pesar estava passando, mas aí era preenchido por mais uma onda de tristeza. Conforme ficava mais deprimido, minhas lesões e problemas pessoais seguiam se acumulando e crescendo.

Eu não tinha perdido apenas uma parte do meu coração e da minha alma, havia perdido o apetite pela vida. Parei de tentar superar a perda de Rockson e duvidei de que isso fosse possível. Sentia que estava no fundo de um lago com uma grande pedra pressionando meu peito. Quanto mais tempo ficava lá, menos queria subir à superfície. Houve momentos em que eu quis morrer.

Nos piores momentos, eu me retirava para um conjunto de árvores no ponto mais alto da minha propriedade nas Pacific Palisades e despejava todo o meu pesar. Se você olhar superficialmente para uma árvore, não consegue ver os detalhes, muito menos os animais e o ecossistema que a árvore contém. Quando me mudei para lá, fiz amizade com um grupo de gaios-azuis que morava nas árvores. Eu gosto dos gaios-azuis porque são pássaros inteligentes, leais e corajosos. Eles se juntam para a vida, e se um falcão ou um gato invade seu território, eles se reúnem para atacar. Comecei a deixar amendoins para os pássaros e, com o tempo, eles se acostumaram à minha presença.

No começo, eram apenas amigáveis, mas, com a ajuda dos amendoins, nos conectamos. Um dos gaios-azuis era corajoso o suficiente para comer na minha mão. Depois de um tempo, eu conseguia colocar um amendoim na boca, me deitar no gramado e levantar o braço, então ele pousava ali, andava até meu ombro e pegava o amendoim da minha boca. Ele acabou se tornando um bom amigo e sempre me procurava. Eu o reconhecia pelo padrão diferente nas asas.

Um dia, meu amigo gaio-azul apareceu com outro de sua espécie. No segundo que os vi juntos, me senti igualzinho quando meu filho trouxe a namorada pela primeira vez em casa. Pouco depois, as aves construíram um ninho próximo à porta da frente, e logo estavam ensinando os filhotes a voar. Fiquei honrado por terem escolhido criar sua família próximo à minha. Em dado momento havia cinco ou seis gaios-azuis vivendo por ali.

Havia um pinheiro especialmente grande ali perto. Um dia, escalei até o topo dele. Lá no alto, tinha uma vista desimpedida do Oceano Pacífico, e decidi que ali seria o lugar para o túmulo de meu filho. Depois de levar a madeira, pregos e outras ferramentas, me senti motivado e esperançoso pela primeira vez em muitos anos. Toda manhã, quando subia na árvore para trabalhar, meu amigo gaio-azul voava para me dar olá e contar o que acontecera na árvore durante minha ausência. Agora que eu estava em seus domínios, nos aproximamos ainda mais. Conforme eu batia o martelo no prego, lixava e envernizava a madeira, a nuvem de pesar começou lentamente a se dissipar.

Quando finalmente terminei o túmulo para Rockson, coloquei uma foto dele, olhei para o mar e disse:

— Rockson, você está com Rolls e todos os outros que já amei. Ainda tenho coisas para fazer e preciso seguir em frente com minha vida.

Pouco tempo depois, os gaios-azuis se foram, e eu interpretei isso como um sinal. Feliz ou triste, deprimido ou não, o ciclo da vida continuava comigo ou sem mim. Era hora de eu fazer algo de significativo com o que ainda restara da minha vida.

Minha primeira esposa, Kim, e eu nos apaixonamos quando tínhamos 19 anos e nos conectamos de uma maneira especial. Ter uma mulher forte a meu lado para me apoiar me permitiu focar no meu jiu-jítsu e colocar energia na missão de ser o melhor dos Gracie. Depois que nos casamos e começamos uma família, meu foco passou a ser nossos filhos e prover estabilidade para suas vidas. Eu não era o marido perfeito, e antes de nos mudarmos para os Estados Unidos, Kim e eu estávamos separados e o futuro de nosso relacionamento era incerto.

Mesmo que tenhamos conseguido reatar o casamento e formado uma equipe forte e de sucesso nos Estados Unidos, após a morte de Rockson, como acontece com muitos casais que perdem um filho, nos afastamos. Eu não queria mais morar na Califórnia, lutar ou tentar manter a fachada de onipotência e invencibilidade. Sabia que, se fosse encontrar inspiração de novo, precisaria voltar para minhas raízes no Brasil. Pedi o divórcio, deixei todas as minhas propriedades para Kim e voltei para casa.

Nunca vou superar a morte do meu filho, mas depois de três anos de intenso pesar, depressão e luto, reavaliei minha vida. Recentemente, um amigo perdeu o filho. Quando fui consolá-lo, ele me disse que tinha pensado muito em mim, porque eu era uma das poucas pessoas que podia entender sua dor. Choramos juntos e derramamos nossas tristezas pelos filhos que nos deixaram cedo demais. Depois, eu disse a ele que abraçasse a tristeza insondável. Apenas tempo, esperança, amor, perdão e aceitação poderiam levá-lo para o próximo momento de sua vida. Um dia ele emergiria do outro lado, mas nunca mais seria o mesmo.

Os japoneses seguiram tentando me atiçar a voltar aos ringues com ofertas de grande valor, mas eu sabia, no fundo do coração, que essa parte da minha vida já tinha acabado, porque eu não podia mais representar o jiu-jítsu da forma que achava necessário. Mesmo que eu nunca supere a dor pela perda do meu primeiro filho, esperança, paciência e prática de exercício físico me permitem encontrar conforto na escuridão e seguir em frente com a vida. Depois de lidar com algo pior do que qualquer coisa que enfrentara nos ringues, emergi do outro lado como um homem mudado e cheio de cicatrizes, mas comprometido com uma nova vida de serviço.

Capítulo 15

ENSINANDO
JIU-JÍTSU HOJE

POR CONTA DA MINHA CARREIRA COMO LUTADOR, EU NUNCA FORA CAPAZ de dedicar 100% de energia para ensinar jiu-jítsu. Agora que sabia que nunca mais lutaria de novo, queria dedicar minha vida a espalhar a arte marcial de minha família. Em 2008, me mudei outra vez para o Rio de Janeiro, disposto a começar uma nova vida e focar no ensino dessa modalidade.

A arte marcial do jiu-jítsu Gracie foi originalmente desenvolvida para que as pessoas pudessem se defender no mundo real. Um século depois, uma boa porcentagem dos praticantes de jiu-jítsu gravita para um esporte atlético e regido por regras também chamado jiu-jítsu. Ainda que essa nova versão continue exigindo habilidade e estamina, é pouquíssimo prática para autodefesa. E mesmo que a variante tenha se divorciado da arte marcial, eu respeito os atletas que a praticam, porque compartilhamos muitos dos mesmos valores. Eles são durões, competitivos, treinam duro e aceitam as lesões inevitáveis que vêm no pacote.

Em muitas das academias que visitei, vi campeões mundiais tentando ensinar aos alunos todas as variações de habilidades atléticas de movimentos que levam anos de prática só para entender — quanto mais executar. Era bonito de assistir, mas me pareciam primatas que aprenderam nossa arte marcial. O que eles ensinavam era incompreensível e irrelevante para 99% das pessoas no universo do jiu-jítsu.

Nos meus seminários, encontrava alunos devotos e professores dedicados que não sabiam a litania de base, engajamento, conexão, alavancagem e timing. Alguns conseguiam esconder as deficiências com força e porte atlético e ainda capturar braços, torcer pescoços, infligir um estrangulamento, mas nunca haviam sido expostos à trindade mental, física e espiritual do jiu-jítsu. Muitos dos campeões do jiu-jítsu esportivo nunca nem lutaram em um vale-tudo ou MMA. Faixas pretas não sabem ensinar autodefesa se nunca aprenderam ou foram expostos a isso.

Recentemente, um dos campeões atuais do jiu-jítsu esportivo me procurou para uma aula particular. Ele é um competidor durão que regularmente vence as competições de mais alto nível — com ou sem Gi. O campeão de jiu-jítsu sabe tudo o que precisa saber sobre pegadas, rasteiras e ganchos. Eu não precisei ensinar técnica alguma a ele, apenas conceitos mais amplos. Antes da primeira aula, "engajamento" e "conexão" não faziam parte de seu vocabulário. Embora seja um ótimo atleta, ele ainda não é, de maneira alguma, um artista marcial.

O campeão tinha uma ótima guarda ofensiva, mas quando seu adversário começava a penetrá-la e o forçava a mudar os pés, ele ia imediatamente para a defensiva. Eu mostrei como usar as panturrilhas para exercer a mesma pressão no adversário depois de abrir a guarda. Esse pequeno detalhe abriu seus olhos. Ele disse: "Isso muda tudo".

Dei apenas uma aula a ele antes que partisse para competir. Depois da competição, ele me telefonou para contar que não apenas havia vencido como também finalizado os adversários com o que aprendera comigo. Desde então, voltou para mais aulas. Tenho ensinado a ele como respirar, sobre conexão, distribuição de peso e pressão. Considerando todo o sangue, suor e lágrimas que já investiu no jiu-jítsu, ele merece um entendimento mais profundo disso tudo. O novo conhecimento do campeão a respeito da trindade e litania deu um grande impulso ao seu desempenho. Era o elo que faltava. Agora, ele está no caminho para ser um artista marcial.

Uma pessoa forte e de porte atlético pode substituir precisão e técnica com seu físico, mas uma pessoa pequena e fraca não tem essa opção. Na concepção do jiu-jítsu por Hélio Gracie, você nunca deve forçar nada. Em vez disso, deve primeiro estabelecer uma defesa impenetrável, depois esperar que o adversário cometa um erro e, então, se aproveitar disso. Embora eu nunca tenha sido fraco, meu jiu-jítsu não foi construído sobre força. Independentemente do quanto eu me tornasse forte, sempre haveria alguém mais forte. E conforme eu melhorei cada vez mais, tentei minimizar o uso de força e focar mais nos aspectos invisíveis.

Para mim, é muito mais fácil ensinar alguém a ser um competidor de alto nível de jiu-jítsu do que a ser um artista marcial. Existem muitas variáveis no jiu-jítsu como arte marcial. Você precisa saber se defender de socos, cotoveladas, joelhadas e cabeçadas, sem falar de mordidas e dedos no olho. É preciso conseguir usar todas as ferramentas do arsenal sem piedade ou hesitação. A cabeçada, por exemplo, é uma arma letal. Quase 5 quilos de peso com o topo da cabeça no rosto de uma pessoa podem ser devastadores. Se alguém enfia o dedo no seu olho ou te morde, o que você faz? A decisão do artista marcial de engajar ou não deve ser guiada por seus instintos de sobrevivência, e não pelo ego. Confiança física permite que nos afastemos de conflitos desnecessários. Isso, em resumo, é jiu-jítsu invisível.

Ao lidar com agressividade e negatividade, eu tento rebater com positividade. Anos atrás, meu irmão Royler e eu estávamos dirigindo no Rio, indo surfar. Estava quente, e o trânsito, mesmo para os padrões da cidade, bem ruim. Fechei um táxi, e o motorista começou a gritar e me xingar. Botei a cabeça para fora da janela e disse:

— Desculpe, tenha um ótimo dia!

Royler é uma pessoa volátil e ficou chocado.

— Rickson! Por que não quebrou a cara dele? — perguntou, e eu respondi:

— Royler, estamos a caminho de uma linda praia para surfar, e o taxista vai lutar contra o trânsito o dia todo para ganhar dinheiro. Ele já está em uma situação estressante. Por que vou piorar o dia dele?

Algumas situações pedem compaixão em vez de agressão.

Agressão geralmente nasce da insegurança, e a insegurança é produto do ego, do medo, da raiva e, acima de tudo, de um estado de espírito inseguro. Quando lido com pessoas regidas por essas forças irracionais, tento não responder na mesma moeda. Geralmente peço desculpas, mesmo que não esteja errado, para evitar um potencial conflito. Não ligo que pensem que sou covarde. De coração, sei que não sou e não tenho que provar nada a essas pessoas, nem a ninguém. Meu objetivo é viver outro dia, não tomar um tiro ou levar uma facada de um delinquente por razões egoístas. Derrotar o adversário importa menos do que permanecer em paz, mesmo que isso signifique negociar e abrir mão em vez de entrar em conflito. Às vezes, é mais fácil falar do que fazer, porque isso requer disciplina para não deixar o ego ou as emoções levarem a melhor. Para ser bem-sucedido, força mental é mais necessária do que força física. E mesmo que seja preciso agir de forma decisiva, é preciso agir de maneira proporcional.

Tenho mais medo de membros de facções das favelas do Rio ou dos guetos de Los Angeles do que de qualquer lutador profissional. Eles não ligam a mínima que eu seja "o invicto Rickson Gracie", porque a maioria deles têm algo que equilibra a balança: uma arma. Armas de fogo e facas levam alguém ao limite das possibilidades da arte marcial. Mesmo os melhores lutadores de MMA e artistas marciais, inclusive eu, não têm uma defesa infalível contra elas. Um pouco de pressão já é suficiente para puxar um gatilho e acabar com uma vida. Qualquer covarde, independentemente da idade, pode fazer isso, um ato sem honra alguma. Uma bala anula uma vida de treinamento de artes marciais e me mata como a qualquer outro.

Em situações de conflito armado, o cérebro é a arma mais poderosa, porque um artista marcial que esteja presente mental, física e espiritualmente pode agir e reagir, engajar ou desengajar, dependendo do que a situação pede. Existem tantas variáveis em uma luta de rua ou em um ataque aleatório que não podemos controlar. Seu adversário tem uma arma escondida? É mentalmente instável? Quem tem a vantagem numérica? Ele tem um problema de comunicação? Não dá para antecipar essas coisas, apenas lidar com elas conforme aparecem.

Quero que meus alunos estejam preparados para qualquer coisa. Quando ensinava policiais e soldados, eu pegava um taco e me aproximava deles, dizendo: "Bom dia, senhor!", e então os golpeava. Isso servia para deixá-los desconfortáveis com o caos, a imprevisibilidade e a incerteza que são grande parte de qualquer conflito na vida real. Tão importante para um artista marcial quanto a habilidade de lutar é a habilidade de manter a calma ao enfrentar qualquer tempestade.

CONFORTO NA ESCURIDÃO

Ao longo dos anos, tenho usado uma ferramenta mais extrema e catártica de desconforto para forçar alguns alunos mais avançados a enfrentarem seus demônios. E embora o processo possa ser desconfortável, os leva para além do que eles pensavam ser seu limite. Coyote, amigo meu e aluno de longa data, era um lutador brasileiro durão e criativo. Porém, dependia muito de velocidade e costumava sofrer claustrofobia. Um dia, após 25 minutos de uma sessão pesada de treinamento, eu subi em cima dele. Quando coloquei o peito em seu rosto, senti que ele começou a entrar em pânico. Achei que não havia melhor hora para ele enfrentar esse demônio, então aumentei a pressão.

Coyote debateu-se por um minuto, então realmente entrou em pânico e disse:

— Ok, me solta!

— Não! Estamos apenas começando — respondi.

— SAIA DE CIMA DE MIM OU EU NUNCA MAIS FALO COM VOCÊ!

— Então, não fale mais comigo.

Em seguida, Coyote ficou sério e tentou lutar comigo. Desesperado para se livrar da situação, ele lutou com tudo o que tinha. Quando finalmente estava exausto, eu disse:

— Pense apenas em respirar.

Ele percebeu que não havia outra saída e, por fim, começou a respirar. Conforme o pânico do meu amigo cedeu, eu o guiei nos movimentos necessários para escapar.

Os cinco minutos de escuridão de Coyote foram transformadores. Depois, ele disse:

— Essa foi a lição mais importante da minha carreira no jiu-jítsu. O pesadelo que você me fez passar foi inacreditável. Eu cheguei a pensar que ia morrer! Quando percebi que não tinha saída e comecei a respirar, o pesadelo foi embora. A posição não mudou, mas eu estava calmo o suficiente para sobreviver antes de conseguir escapar.

Ao encontrar conforto no inferno e sobreviver à agonia, Coyote se livrou de outra agonia mais profunda que estava impedindo seu progresso no jiu-jítsu por anos. Sem essa lição física brutal, ele nunca teria progredido. No fim das contas, meu aluno conseguiu relacionar o sentimento com o conhecimento necessário para resolver um problema que vinha evitando havia anos.

Mesmo que algumas pessoas na comunidade do jiu-jítsu considerem minha obsessão com fundamentos antiquada e fora de moda, meu filho Kron competiu e venceu nos níveis mais altos do jiu-jítsu esportivo usando técnicas básicas, porém perfeitamente executadas, do jiu-jítsu. Depois que Rockson morreu, Kron dedicou sua vida à arte marcial. Por ser meu filho, ele também tinha um alvo nas costas. E não apenas soube lidar bem com a pressão como parecia prosperar nela. Antes de receber sua faixa preta, ele ganhou dois campeonatos mundiais de jiu-jítsu, quatro Jogos Pan-Americanos e 51 lutas seguidas, todas por submissão. Depois de vencer a maior competição corpo a corpo, a Abu Dhabi Combat Championship, ele decidiu que queria lutar MMA.

Respeito Kron o suficiente para deixá-lo seguir seu caminho no MMA. Quando ele decidiu treinar com os irmãos Diaz, eu me tornei mais um observador do que um treinador. Embora não acredite que exista lutador mais durão que meu filho no MMA, não compartilho o pensamento dos irmãos Diaz porque é construído em torno da resistência e da disposição para suportar punições de modo a aplicar punições. Eu sempre preferi vencer de maneira rápida e decisiva, além de evitar lesões sempre que possível.

Capítulo 16

O MMA MODERNO

E U ME SENTIA MAIS CONFORTÁVEL EM UM AMBIENTE DE LUTA SEM DIVI-são de peso, limite de tempo, regras ou gaiolas. Nessas situações, é preciso toda a extensão das habilidades de artes marciais. Em uma luta sem divisão de peso, o adversário pode passar todo o tempo da luta em cima de você. Sempre aceitei o fato de que precisaria sobreviver por longos períodos até que meu adversário cometesse um único erro.

O MMA moderno não é assim. Todos os lutadores de hoje são mais fortes e bem-preparados para lutar em qualquer alcance. Os strikers treinam para voltar a ficar de pé. Wrestlers querem ir ao chão, bater e ganhar dos adversários por submissão. Os rounds curtos e a ênfase na ação colocaram os lutadores de jiu-jítsu em desvantagem, porque não podem mais trabalhar com a paciência estratégica. Isso aconteceu porque o UFC construiu suas regras em torno dos fãs, e não dos lutadores.

Depois que o UFC determinou que lutas no chão eram "chatas", os árbitros passaram a levantar rapidamente os competidores quando a luta ia para o chão. Como resultado, se uma técnica de agarramento não tivesse efeito rápido, os lutadores desistiam, mesmo que estivessem em boa posição. A gaiola também se tornou um terceiro competidor no ringue. Quem não souber lutar dentro dela estará em desvantagem. Isso forçou os lutadores de MMA a construir estratégias em torno de um pedaço do equipamento. E, pior, o UFC ainda adicionou juízes que, como todos os árbitros de qualquer esporte, tomam decisões subjetivas e, às vezes, questionáveis. Nenhuma das minhas lutas chegou a ir para a avaliação dos juízes. Se alguma tivesse ido, eu a consideraria uma derrota apenas por isso.

Se eu fosse um fã de MMA, gostaria de um final conclusivo, e não um no qual os dois lutadores acham que ganharam porque o tempo acabou e o resultado ficou na mão dos juízes. Digamos que, em uma luta de três rounds de MMA, o lutador A ganha os dois primeiros, mas, no terceiro, é derrubado no chão, montado e socado na cara, e está sendo estrangulado até a inconsciência quando o sino final soa. Quem ganhou? O lutador A, porque conseguiu acertar uns golpes nos dois primeiros rounds? Se for, as métricas de sucesso estão desconectadas da realidade das artes marciais quanto a quem teria sobrevivido ou perecido em uma luta real. Em 2010, houve uma partida de tênis em Wimbledon que durou mais de onze horas! Se o tênis tem rounds de tie-break, por que não o MMA? Lutar é sobreviver — matar ou ser morto. Os atuais lutadores de MMA são completos, mas as regras de engajamento suprimem suas habilidades de lutar de forma inteligente e técnica.

O MMA moderno, especialmente o UFC, é um grande entretenimento. Mais do que tudo, os lutadores são recompensados por ficarem no centro do ringue e se batendo com força. Drogas para melhora de performance, rounds curtos e a gaiola tornaram as questões físicas mais importantes do que a técnica. Um lutador pode perder e mesmo assim receber um bônus de 55 mil dólares pela "melhor luta da noite", porque a luta foi sangrenta, brutal e focada na ação. Não há critérios significativos para esse título além da opinião do promotor, que só entrou na gaiola para colocar cinturões de campeões nos lutadores. O UFC se tornou um lugar para as artes marciais reencarnarem na forma de "entretenimento".

Como alguém pode ser considerado um campeão sem uma pirâmide legítima de concorrentes e vitórias decisivas? O UFC criou uma cultura de luta que é mais um espetáculo do que um esporte. Não me surpreende que o que as pessoas queiram ver hoje seja uma partida incompatível de boxe entre Conor McGregor e Floyd Mayweather Jr., ou entre um youtuber e um jogador de basquete profissional, ou uma possível luta de MMA entre dois bilionários de meia-idade. Mesmo que seja financeiramente interessante para os promotores e lutadores capitalizarem em cima da ignorância do público, essas incompatibilidades degradam tanto o boxe quanto o MMA. Aceito essa triste realidade, mas não ficarei surpreso se os homens, em breve, passarem a lutar contra gorilas ou bandos de hienas como faziam os gladiadores romanos.

Em vez de espetáculos de violência, eu gostaria de ver artistas marciais honrados voltando a lutar no formato de uma competição de vale-tudo mata-mata de uma semana de duração, que reunisse a verdadeira elite da luta, campeões olímpicos e mundiais dos esportes de combate (wrestling, jiu-jítsu, judô, boxe, kickboxing e MMA), uns contra os outros em lutas com quantos rounds de quinze minutos fossem necessários para determinar o vencedor. Para aumentar o nível da coisa, me livraria das luvas e dos juízes e trocaria a gaiola por uma plataforma elevada. Além de testes rigorosos, a fim de detectar drogas para aumento de performance, os árbitros não poderiam levantar os lutadores do chão. Cada um lutaria apenas uma vez por dia, e todos os competidores seriam monitorados cuidadosamente por médicos com poder unilateral de desqualificá-los por concussões ou lesões. Em vez de garotas, celebridades e fãs bêbados, seria uma audiência pequena, apenas por convite, e composta em sua maioria por artistas marciais ilustres. Tire os juízes, os pontos, as luvas, as gaiolas e os rounds curtos, e então resiliência, respiração, continuidade, conforto, desconforto — as coisas que salvam alguém em uma luta real — se tornam importantes outra vez.

Por mais divertido e inovador que um evento assim possa parecer, o vale-tudo e o MMA têm muito menos importância para mim do que ensinar jiu-jítsu para pessoas comuns de modo que eu possa trazer de volta sua humanidade ao despertar seus sentidos dos sonhos cibernéticos. A tecnologia desconectou as pessoas de sua intuição e de seus eus primitivos. Se eu puder trazê-las de volta aos seus corpos, posso ensiná-las a confiar em seus sentidos, e não apenas em seus cérebros.

Capítulo 17

REUMANIZAÇÃO POR MEIO DO JIU-JÍTSU

ATUALMENTE, SOMOS BOMBARDEADOS POR TANTOS ESTÍMULOS QUE A mente moderna tem uma dimensão quilométrica, mas a profundidade de milímetros. Smartphones, videogames e redes sociais são apenas gratificações instantâneas. O transtorno de déficit de atenção e hiperatividade (TDAH) é um sinal de nossos tempos distraídos. Pior, as coisas simples que antes traziam felicidade às pessoas — família, amigos, respeito pelas pessoas — não o fazem mais. A tecnologia não pode ajudar as pessoas a apreciarem coisas incríveis e humanas, como criar um filho, ou trazer relacionamentos verdadeiros. Para isso, é preciso estar presente, algo que requer sensibilidade e percepção.

Muitas crianças hoje em dia não se expressam fisicamente. Em vez disso, preferem ser avatares em um universo virtual. As redes sociais tornam as pessoas relutantes a aceitarem a realidade de quem realmente são. Se elas mostrarem apenas seu melhor ângulo, falarem apenas de seus sucessos, mas nunca de seus inevitáveis fracassos, vão apenas aumentar o abismo entre a realidade de suas vidas e a ilusão que criaram. É possível se tornar campeão mundial de um esporte virtual, saciar a sede sexual, pedir refeições e encontrar companhia sem sair do quarto! Dá até para criar uma namorada usando inteligência artificial e escolher todos os detalhes físicos e emocionais. No fim, isso apenas aumenta a insegurança e nos torna frágeis para lidar com a realidade. Todos temos expectativas, mas, no fim das contas, precisamos enfrentar e aceitar o que a vida nos traz.

Pior que isso é a cultura de violência virtual que se criou. Não me surpreende que a maioria dos atiradores de massacres sejam jovens isolados e alienados. Um número surpreendente deles não tem vida social. A internet está repleta de sites que mostram assassinatos reais, bombas sendo jogadas em civis e linchamentos promovidos como entretenimento. As pessoas se acostumaram a assistir e terceirizar a violência para a polícia, o exército e as empresas de segurança privadas que a praticam em nome delas. É muito mais fácil apoiar guerras quando você não precisa lutá-las por si mesmo. Alguns culpam a cultura de armas de fogo dos Estados Unidos, outros apontam as doenças mentais como responsáveis por nossa sociedade cada vez mais insensível e violenta. São explicações amplas e vagas, que ignoram questões mais abrangentes de uma cultura sem corpo e desumanizada.

Se você vive apenas por uma tela ou entregas da Amazon, não está usando a maioria dos seus sentidos. O jiu-jítsu pode ajudar a curar esse desequilíbrio ao tirar as pessoas de seu mundo de faz de conta e forçá-las a enfrentar quem são e quem não são. Pegue, por exemplo, a questão dos atletas transgênero. Eu respeito a decisão de qualquer pessoa de viver a vida como transgênero. Aceito o que quer que a pessoa considere sua identidade de gênero, mas homens competindo com mulheres no jiu-jítsu e no MMA é ir longe demais, espacialmente quando existem riscos de lesões físicas por causa da diferença de força.

Porque, embora mulheres trans (pessoas que foram designadas como homem ao nascer, mas que se identificam como mulher) tenham obtido sucesso em esportes femininos, homens trans (pessoas que foram designadas como mulher ao nascer, que mas se identificam como homem) não obtiveram sucesso em esportes masculinos. Nenhum homem trans teve sucesso de verdade contra homens cis no jiu-jítsu, MMA ou outro esporte, que eu saiba. Há uma solução simples para esta questão: criar uma categoria separada para atletas trans.

Vejo o mesmo pensamento mágico quando se trata da atual tentativa de normalizar a obesidade e agir como se a dieta e o estilo de vida da pessoa não tivessem nada a ver com isso. Hoje, o exército dos Estados Unidos não consegue atingir suas metas de recrutamento porque muitos jovens estadunidenses estão acima do peso e, portanto, são desclassificados. Comer 4 mil calorias por dia, trabalhar horas seguidas diante de uma mesa e depois ir para casa e ficar na frente de uma tela é a receita para a obesidade e para ter uma saúde ruim. O número de pessoas no mundo todo que sofrem de diabetes e de doenças cardíacas bate recordes. Atualmente, a obesidade é um problema mundial, maior do que a fome em muitos países.

No Ocidente, especialmente nos Estados Unidos, quando as pessoas ficam doentes, querem e exigem um remédio ou procedimento médico que resolva os sintomas do problema delas. Se têm diabetes tipo 2, colesterol alto, pressão alta, é muito mais fácil tomar um comprimido do que parar de ingerir carne vermelha, sorvete e fast food. Mudar a dieta e o estilo de vida não requer apenas autodisciplina; também força as pessoas a terem um papel ativo na própria saúde. Porém, por mais que um comprimido possa resolver os sintomas, não atua na raiz do problema: uma dieta pouco saudável e a falta de atividade física. Se você não se tratar internamente, vai se afundar em um buraco do qual nunca conseguirá sair.

Não há exemplo melhor disso do que a crise de opioides nos Estados Unidos. Hoje, muitas pessoas escolhem não sentir nada. Preferem viver em um sonho de ópio. Legais ou ilegais, heroína, fentanil e oxicodona têm efeitos similares nos seres humanos: elas matam a dor física e mental. Eu entendo o desejo de querer se anestesiar. Perder um filho, como eu perdi, torna impossível escapar da dor lancinante e irracional. Eu também tentei sufocar minha dor com drogas e álcool. Porém, não apenas acordava me sentindo péssimo no dia seguinte, como continuava de coração partido.

Por muitos anos, a classe médica dos Estados Unidos prescreveu livre e imprudentemente opioides viciantes. Em muitos casos, quando os pacientes não conseguem mais obter ou pagar pelas prescrições, buscam opioides ilegais, como a heroína ou o fentanil. Os fatos falam por si só. Em 2023, nos Estados Unidos, morreram mais pessoas de overdose (mais de cem mil) do que na Guerra do Vietnã e na Guerra ao Terror juntas, e não se vislumbra no horizonte um fim para isso.

Eu me sinto privilegiado por ter crescido em um mundo muito diferente. Aqueles de nós que tiveram a sorte de crescer durante a era pós-Segunda Guerra Mundial tiveram uma vida gloriosa durante uma era de ouro. Tínhamos segurança e prosperidade sem precedentes. Muitas pessoas, especialmente estadunidenses, acreditavam que estavam acima do restante do mundo. Então, a sensação de segurança e prosperidade eterna que já vinha se esvaziando, se rompeu de vez com o *lockdown* por causa da Covid-19, da instabilidade política e da possibilidade de uma nova guerra mundial. Em vez de focar a raiva nos líderes e nas instituições que falharam e os traíram, os estadunidenses se voltaram uns contra os outros.

REUMANIZAÇÃO POR MEIO DO JIU-JÍTSU

Como um brasileiro que cresceu durante uma ditadura militar em uma sociedade repleta de corrupção, tenho uma opinião bem ruim e baixíssimas expectativas quanto a políticos de carreira. Nunca permiti a entrada de políticos em minhas academias. Sempre quis que fossem santuários, lugares onde os alunos pudessem escapar por algumas horas por semana e serem julgados apenas pelo que faziam no tatame. Graças ao jiu-jítsu, hoje me vejo em uma posição única e privilegiada, porque o tatame é um dos últimos campos de jogo totalmente nivelados. Príncipes, gângsteres, titãs do empresariado, campeões de luta — todos são iguais. Esse espaço seguro permite que pessoas sem nada em comum conheçam outras pessoas sem julgamento e preconceitos.

Nordeste, Centro-Oeste, Sul e Oeste — eu amo os Estados Unidos. Viajei para mais partes do país do que a maioria das pessoas nascidas lá nos trinta anos que os Estados Unidos me serviram de casa. Ensinei jiu-jítsu a pessoas de todas as raças, classes sociais, identidades de gênero e histórias de vida, e nunca nenhum aluno me disse "Não posso treinar com ele porque ele é negro" ou "Não posso treinar com ele porque ele é gay". Na verdade, geralmente era o contrário. Constantemente pessoas com absolutamente nada em comum percebiam que tinham mais em comum do que jamais haviam imaginado e assim se tornavam amigas.

Aprender jiu-jítsu é um processo árduo e honesto, que requer honestidade e trabalho duro. Se você trabalhar corretamente, pode ganhar coragem e paz de espírito. As mudanças não acontecem do dia para a noite, e a cura não está em um comprimido. Tudo começa com a aceitação do fato de que a vida nem sempre é divertida, as pessoas nem sempre são legais e você nem sempre consegue aquilo que quer ou merece. Derrota, sofrimento, obstáculo, pressão e decepções são coisas que, cedo ou tarde, todo mundo experimenta. Para algumas coisas, como a morte de um filho ou cônjuge, a única cura é tempo, paciência e esperança, e esses são elementos importantes do jiu-jítsu invisível.

Capítulo 18

JIU-JÍTSU
PARA TODOS

ONFORME MINHA INSPIRAÇÃO E PAIXÃO POR ENSINAR JIU-JÍTSU VOLTAVA, meu corpo se desmanchava como um carro velho. Meu pescoço, minhas costas e meu quadril estavam simplesmente desgastados. Muitas vezes eu ia direto de um seminário para o consultório do fisioterapeuta. Estava sempre com dor e tentava continuar apesar disso, mas, por fim, tive que aceitar que o Pai Tempo havia chegado para cobrar uma dívida antiga.

Depois de uma cirurgia de prótese no quadril, eu me recuperei rapidamente e vi como a mentalidade e os hábitos que adquirira em uma vida de artes marciais haviam auxiliado a minha reabilitação. Meu estado debilitado também me fez perceber quanto o jiu-jítsu moderno é hostil com pessoas fracas e inseguras. Entendi por que 90% dos praticantes de jiu-jítsu desistem na faixa branca.

Em vez de jogar os iniciantes aos tubarões nas aulas abertas, meu pai costumava dar aulas particulares para eles antes de deixá--los treinar com outras pessoas. Quando esses alunos chegavam a uma aula aberta, tinham um conhecimento sólido da trindade e da litania do jiu-jítsu. Ver que as pessoas mais fracas, aquelas para quem meu pai e meu tio haviam inventado o jiu-jítsu Gracie, estavam sendo ignoradas me deixou triste, e eu quis mudar isso.

Embora tenha perdido parte das habilidades físicas por conta das lesões, eu cresci muito como professor. No passado, meu método pedagógico era "siga o líder". Eu usava o corpo para mostrar aos alunos como executar os movimentos. Era tudo muito prático, mate ou morra. Agora eu vejo o jiu-jítsu de outra maneira. Não estou apenas ensinando uma arte marcial, mas trazendo algo para a vida da pessoa. Quando trabalho com iniciantes, o objetivo é guiá-los a novas fronteiras da consciência que lhes permitam encontrar alguma medida de conforto físico e mental em qualquer situação.

Como meu pai me ensinou, as necessidades de um aluno são mais importantes do que as expectativas do professor. Independentemente do talento ou porte atlético de um aluno, ou da falta deles, meu pai sempre foi um professor paciente e incentivador. Seu objetivo era o mesmo, ainda que o progresso fosse lento. O professor precisa estar ali — mental, física e espiritualmente — para ajudar e apoiar o aluno a cada passo. Para Hélio Gracie, o jiu-jítsu sempre foi sobre resolver problemas, lidar com o estresse e se sentir confortável em situações desconfortáveis. Ele torcia para que os alunos pegassem os aprendizados da academia e os aplicassem a todos os aspectos da vida. Para ele, era mais importante que os alunos vencessem na vida do que no tatame.

Eu posso ensinar base, distribuição de peso, engajamento, conexão e respiração sem muitos problemas. Conforme os alunos ganham familiaridade com esses conceitos, eu os ensino a responder com reflexos. Em vez de combatentes, somos parceiros de treino, estamos ali para ajudar um ao outro a aprimorar nossas habilidades. Quando eu balanço o macarrão de piscina na direção

JIU-JÍTSU PARA TODOS

da cabeça de uma pessoa para fazê-la se abaixar, ou na direção dos pés para fazê-la pular, a mente dela fica mais afiada, deliberativa e decisiva. Quando ensino alguém a reagir e redirecionar golpes, estou acordando essa pessoa de seu estupor físico. Em poucas aulas, os alunos aprendem como sentir o perigo, entendem a diferença entre paciência e passividade e aprendem que perder é diferente de ser derrotado.

Quando tenho um novo aluno, eu o avalio individualmente, porque estou ensinando o indivíduo como um todo. Eu utilizo as características físicas para revelar as coisas que a maioria das pessoas consegue esconder na rotina diária: o estado de equilíbrio emocional, os medos irracionais, a agressividade natural ou passividade. As questões físicas que coloco me permitem olhar debaixo do tapete e ver quem uma pessoa realmente é, e não quem ela gostaria que eu pensasse que ela é. Alguém pode parecer forte por fora porque tem músculos desenvolvidos, mas, muitas vezes, esses músculos são uma armadura psicológica, e sob eles esconde-se uma pessoa pequena e assustada. Por outro lado, alguém pode parecer magro e fraco, mas ter coração de guerreiro. Realmente não sei com quem estou lidando até aplicar algum aquecimento físico.

Depois de fechar uma turma de alunos, elaboro e construo um currículo que possa ajudá-los da maneira mais profunda. Se são passivos, eu os instigo. Se são agressivos, eu os acalmo. Se entram em pânico, ensino-os a encarar e lidar com os próprios demônios. Se uma pessoa se conecta com a trindade e a litania do jiu-jítsu, pode se reconectar com seu eu mais primitivo.

Com o tempo, quem treina jiu-jítsu pode aprender a ser como os filhotes de leão. Para alguém de fora, parece que estão brigando, mas, na verdade, estão afiando as unhas e os instintos. Embora a maioria dos humanos talvez nunca tenha que lutar contra outra pessoa, muito menos matar alguém, ainda precisa manejar o estresse, se controlar sob pressão e aproveitar oportunidades.

Aprender a respirar, engajar fisicamente, desconectar-se e desengajar também força a presença e a interação com outros seres humanos. Se os alunos o fazem honesta e diligentemente, não se tornam apenas melhores no jiu-jítsu; podem reconstruir a si mesmos como mais fortes — não apenas na luta, mas em suas vidas física, mental e espiritual. Hoje, olho para meus alunos não como atletas, e sim como pessoas tentando confrontar e lidar com problemas. Conforme educo os movimentos, também mudo a mentalidade. Meu objetivo é que eles desenvolvam uma mentalidade proativa, que os leve a confrontar seus problemas diretamente.

Ao forçar o adversário e encontrar resistência, é necessário fazer ajustes imediatamente, para tentar obter vantagem da energia dele. Essa sensibilidade para mudar e capacidade de sentir em vez de apenas agir permite que você lide com situações de mudanças constantes e as aproveite, em vez de apenas reagir. Se luto cabo de guerra com alguém, vou puxar a corda, mas quando meu adversário puxar de volta, posso soltar a corda e ele cairá de costas. Não quero apenas ser efetivo, mas também eficiente.

Consigo atrair a curiosidade dos alunos quando mostro o poder invisível da base, conexão e alavancagem. Só isso já lhes dá um sentimento de poder que muitos nunca sentiram antes. Ao levantar pesos na academia ou fazer uma aula de ioga, o número de variáveis será muito menor e menos dinâmico do que no jiu-jítsu. No levantamento de pesos, são necessários pesos, uma barra para segurá-los e retidão física para ir além da dor e exaustão. Na ioga, é preciso alongar, tensionar, mover-se e respirar de maneira bastante coreografada, mas não há ninguém em cima de você tentando o estrangulamento. Em ambos faltam os contra-ataques e xeques-mates do jiu-jítsu, que forçam o indivíduo a manter as emoções sob controle, manejar os medos e usar seus atributos físicos.

Para mim, é mais importante ensinar como sobreviver do que como ganhar, porque quero que os alunos sintam que podem enfrentar qualquer coisa e, ainda assim, manter a integridade mental, mesmo sob grande pressão. Todos precisamos de redes de apoio e pontos de referência para crescer. O jiu-jítsu permite uma forma de suporte prático e uma forma de terapia que forçam as pessoas a estarem presentes e engajarem.

O jiu-jítsu invisível não é tanto sobre aprender uma grande variedade de técnicas, mas sobre reconhecer seu estado emocional, usar técnicas de respiração para permanecer calmo e encontrar uma estratégia para evitar, minimizar ou resolver um conflito. Pode ser tão simples quanto: seu adversário se move na direção A, e você, na direção B. Se vocês são forçados e engajar, você conecta, defende, desvia e escapa com o objetivo de sobreviver. Quando o objetivo é apenas sobreviver e viver mais um dia, o jiu-jítsu se torna muito mais simples. A menos que você seja um lutador profissional, não precisa passar anos aprendendo a se defender e contra-atacar todos os possíveis ataques. Se uma mulher de 45 quilos sobrevive a um ataque de um homem de mais de 110 quilos com alguns hematomas e um nariz sangrando, ela venceu.

Anos atrás, dei aulas particulares a um homem que tinha um conflito com um atleta profissional de quase 1,90 metro, 100 quilos, forte como um touro e que provavelmente usava esteroides. Meu aluno tinha 20 anos a mais que o adversário e uns 20 quilos a menos. Já fora um bom atleta, mas trabalhava longas horas no escritório e aceitara o fato de que tinha poucas chances de vencer a luta. Porém, ele se recusava a viver como um covarde e se esconder do rival. Eu o respeitava por isso e montei uma estratégia para que ele lutasse por sobrevivência.

CONFORTO NA ESCURIDÃO

Mais importante do que a estratégia foi o fato de que ele entrou na escola e começou a treinar. Com isso, confrontou seu maior medo e ganhou confiança. Toda aula, eu me transformava no seu maior tormento e fazia meu melhor para intimidá-lo. Depois de alguns meses, algo mudou dentro dele, e acredito que o adversário pôde perceber. Só porque você é grande e forte, e consegue acertar ou pegar uma bola, não quer dizer que saiba lutar. Depois de treinar comigo por seis meses, meu aluno foi até o cara. Eles se encontraram pessoalmente, resolveram as diferenças sem brigar e se tornaram amigos. Mais importante do que ensinar estrangulamentos e chaves de braço é ensinar pessoas a incorporarem os conceitos das artes marciais ao seu dia a dia.

Capítulo 19

JIU-JÍTSU
INVISÍVEL

CERTA VEZ, TIVE UM ALUNO ALCOOLISTA EM RECUPERAÇÃO. ELE COSTU-mava dizer que o jiu-jítsu era mais barato que um psiquiatra e mais divertido que os Alcoólicos Anônimos (AA). Era em parte brincadeira, mas o jiu-jítsu lhe dera princípios para aplicar na vida e um sistema de suporte para manter a coluna reta quando se sentisse fraco. Com orgulho, acompanhei vários de meus alunos pegarem o conhecimento físico que lhes ensinara, aplicarem a outras partes da vida e seguirem em frente para realizar grandes coisas.

Quando conheci o mestre do jiu-jítsu Pedro Sauer, ele era um cara magro que se movia como Ayrton Senna e usava óculos escuros dia e noite. Sabia que ele já fora boxeador e treinara tae kwon do e judô, então convidei o Pedro de 15 anos para treinar comigo e com meu irmão Royler, de 9 anos. Foi uma experiência tão iluminadora para Pedro que, dali em diante, ele se tornou devoto do jiu-jítsu. Conseguiu sua faixa preta e, na faculdade, se formou em Economia e Administração. Tinha uma carreira de sucesso como corretor da

bolsa de valores quando decidiu se mudar do Brasil para os Estados Unidos e ajudar a espalhar o jiu-jítsu Gracie.

Além de ser um ótimo professor, Pedro era um guerreiro destemido e um soldado de linha de frente que lutou para provar a eficiência do jiu-jítsu. Ele pesava menos de 70 quilos, mas, depois do primeiro UFC, um bodybuilder de mais de 110 quilos o desafiou para uma luta de vale-tudo sem luvas. Mesmo com uma diferença de mais de 40 quilos, Pedro aceitou o desafio e ganhou do cara em uma luta difícil. Seu uso da guarda teria impressionado até mesmo Hélio Gracie. Hoje, Pedro encabeça a própria associação de jiu-jítsu e tem escolas espalhadas pelos Estados Unidos.

Sergio Zveiter estava terminando a faculdade de Direito quando começou a treinar comigo no Rio de Janeiro. Nós nos conhecemos poucos meses antes de minha luta com o Rei Zulu, e ele foi até Brasília torcer por mim. Depois, me disse que pensou que eu seria massacrado e ficou impressionado que eu estivesse disposto a lutar contra o Rei Zulu. "Eu achava que seria impossível vencer", ele me disse. E minha vitória lhe mostrou que não havia limites para o possível.

No começo, ele queria aprender mais sobre conflito e autodisciplina e como poderia usar isso na sua vida profissional. O pai dele era Ministro da Justiça, e ainda jovem era um dos melhores advogados de um dos maiores escritórios do Rio de Janeiro. Como eu, Sergio tinha que lidar com um grande peso nos ombros e representava clientes poderosos em casos importantes.

Não importava quanto estivesse ocupado ou quanto tenha se tornado uma pessoa importante, Sergio estava do meu lado tanto na primeira viagem para o Japão como na última luta com Funaki. Ele tem sido uma das minhas maiores fontes de apoio ao longo dos anos. Quando nos conhecemos, estávamos no caminho certo para fazer coisas grandiosas e, à medida que as conseguimos, sempre estivemos ali um para o outro, com amor e apoio. Nossa amizade tem sido ótima, porque nunca fomos competitivos. Em vez disso, sempre tentamos elevar e melhorar um ao outro.

Meu primo Jean Jacques Machado é uma das pessoas mais inspiradoras no jiu-jítsu hoje em dia. Nascido apenas com o polegar e parte do mindinho na mão esquerda, Jean Jacques não teve tempo de contemplar a deficiência por ter sido criado como parte da matilha Gracie. Chamado de "5-1", por ter apenas o primeiro e o quinto dedo na mão, ele aguentou muita provocação por sua condição de nascença, mas nunca o vi de outra maneira que não como um igual. O que mais me impressiona nele é como transformou sua deficiência em uma habilidade e desenvolveu um estilo muito pessoal e criativo de jiu-jítsu. Ele aprendeu como se adaptar e improvisar melhor do que qualquer outra pessoa que já vi. Por quase não ter dedos na mão esquerda, é mais fácil para ele deslizá-la sob o queixo do adversário para afastar um braço ou aplicar um estrangulamento. Ele foi pioneiro do estilo de jiu-jítsu moderno que hoje é muito visto no jiu-jítsu sem Gi e no MMA. Em vez de competir contra mim, como seu irmão mais velho tentou fazer em 1986, Jean Jaques decidiu aprender comigo. Quando adolescente, ele pegava o trem de sua casa, em Teresópolis, para o Rio e passava dias inteiros me assistindo a dar aulas particulares, observando e absorvendo cada detalhe.

Jean Jacques Machado foi um dos maiores competidores na história da luta corpo a corpo. Além de ter vencido o campeonato nacional de jiu-jítsu brasileiro por onze anos seguidos, venceu a competição de maior prestígio do ramo: a Abu Dhabi Combat Championship. Independentemente de seu sucesso como lutador, Machado também deixou uma grande marca como professor, instrutor e líder.

Muitas celebridades das artes marciais que administram escolas são mais um chamariz do que professores, mas não Jean Jacques. Ele dá a maioria de suas aulas na escola e se interessa de verdade pelos alunos dentro e fora do tatame. Negatividade é proibida em sua academia; seus alunos não podem usar a expressão "não consigo". Ele ensina os alunos a como encontrar um jeito, não importa o tamanho do problema. É ótimo se tornar um campeão; mas é ainda melhor ajudar as pessoas a alcançarem todo o seu potencial. Jean Jacques uma vez disse que a maior diferença entre um homem comum e um guerreiro é que o guerreiro vê tudo como um desafio e o homem comum vê tudo como uma bênção ou uma maldição. Como eu, Jean Jacques acredita que o jiu-jítsu não é só uma arte marcial, mas uma maneira melhor e mais afiada de ver a vida.

Peter Maguire, coautor deste livro e de *Respire*, era um surfista magrelo terminando o doutorado quando apareceu pela primeira vez na Academia do Pico, em 1992. Depois de saber quanto sua família era influente, fiquei impressionado com como ele seguia o coração de modo radical, confiante e sem discussões. Ele escolheu uma vida de serviço no lugar do dinheiro e conforto que sua família provia. Algumas pessoas passam pela vida sem contar com princípios capazes de guiá-las e prontas para trocar a liberdade por dinheiro, status e segurança financeira. Peter se recusava a viver assim.

Conforme nos aproximamos, percebi similaridades entre nossas situações pessoais. Apesar de toda a pressão e o drama de nossas famílias, ambos permanecíamos felizes e no controle de nossos destinos, porque éramos muito mais fortes que os adversários. Em vez de encher o coração de ódio, tínhamos pena dos adversários e antagonistas. Ele nunca mudou seu curso de ação ou duvidou de si mesmo, nem eu.

Em 1994, nós dois corremos riscos e fomos recompensados por isso. Eu fui para o Japão lutar e Peter foi para o Camboja investigar e documentar crimes de guerra. Em ambos os casos, deixamos tudo sem olhar para trás. Mesmo que constantemente seja consultado por governadores, deputados, ONGs e outros por suas opiniões a respeito de questões de direitos humanos, Peter nunca perdeu de vista o que era importante para ele. Sempre colocou a família, os amigos e o serviço público em primeiro lugar.

Do Camboja para o oeste da Austrália e para a França, ele também foi um grande missionário do jiu-jítsu. O professor de 70 quilos abriu muitos olhos céticos para o poder do jiu-jítsu e converteu muitos deles em alunos. Hoje ele ainda surfa, treina e ensina o próprio estilo de jiu-jítsu.

Anos atrás, Peter entrou na Academia do Pico depois de uma viagem a um país estrangeiro e me mostrou fotos de dois caminhões destruídos.

— Se eu pisasse no freio ou desviasse, estaria morto — contou ele. — Percebi que a única chance de sobrevivência era uma colisão frontal. Meu caminhão se tornou uma ferramenta descartável de sobrevivência. Pisei fundo e batemos farol com farol, fui atingido no rosto por cacos de vidro, mas sobrevivi.

Essa história me deixou orgulhoso como professor, porque Peter aplicara os conceitos da arte marcial que eu ensinara a ele de modo exemplar durante uma situação de vida ou morte. Na superfície, era apenas um acidente de carro que nada tinha a ver com jiu-jítsu, mas, na verdade, tinha tudo a ver. Peter controlou suas emoções, visualizou o desfecho que queria e executou sua estratégia com comprometimento total. Isso é, em resumo, jiu-jítsu invisível.

Capítulo 20

A LUTA DA MINHA VIDA

SENDO HONESTO, O DIAGNÓSTICO DA DOENÇA DE PARKINSON NÃO FOI UMA grande surpresa. Por mais de uma década, eu não apenas vivia com dores intensas como também sentia que envelhecia muito rápido. Não era só meu corpo que estava falhando. Minhas habilidades motoras e meus reflexos também se deterioravam e diminuíam, até o ponto que precisei desistir de surfar e de treinar jiu-jítsu intensamente. Depois do diagnóstico, tentei aprender o que podia a respeito do Parkinson, porque queria engajar com a doença como fazia com os adversários no ringue. E para fazer isso direito, precisava saber tudo o que era possível sobre meu novo adversário.

Perdendo apenas para o Alzheimer como doença neurodegenerativa mais comum nos Estados Unidos, a doença de Parkinson é um transtorno mental que afeta mais de um milhão de estadunidenses. Conforme avaliado em pesquisas médicas, acredita-se que a doença seja resultado de fatores genéticos e ambientais. Muita gente me pergunta se é resultado de anos de luta, mas não acho que seja.

O Parkinson é extremamente cruel para atletas como eu, porque afeta o sistema nervoso central. E essa condição impacta as pessoas de modos diferentes. Algumas perdem a mobilidade, outras apenas têm tremores. Os sintomas — flacidez muscular, reflexos ruins, perda de equilíbrio, depressão, dificuldade para falar, engolir e mastigar, problemas de pele, questões urinárias e constipação — pioram com o tempo e não há cura.

Os tremores do Parkinson são resultado de dano, ou perda, nas células que produzem dopamina no cérebro. Como a serotonina, a dopamina é um dos hormônios cerebrais de "recompensa". Ela é liberada no orgasmo, na conclusão de uma tarefa difícil, quando sentimos o cheiro da nossa comida favorita ou fazemos outras coisas prazerosas. A dopamina também é um hormônio mensageiro usado pelas células nervosas para enviar sinais a diferentes partes do corpo para que executem diferentes tarefas. Sem ela, o corpo humano não consegue se mover ou funcionar direito. A maioria dos medicamentos para tratar Parkinson serve para aumentar o nível de dopamina no cérebro. Porém, são drogas pesadas que tratam principalmente os sintomas, mas podem afetar a saúde como um todo.

Depois de falar com médicos e estudar a ciência por trás da doença, quis conversar com alguém que convivesse com ela. Lembrei que, antes de contar sobre o diagnóstico para as pessoas, um velho amigo e aluno, chamado Fernando Fayzano, havia me perguntado, do nada, se eu tinha Parkinson. Quando perguntei por que ele queria saber, ele disse que um amigo dele, Winston, sofria da doença, e quando assistiu a um vídeo de uma aula minha, suspeitara de que eu também sofresse. Contei a Fernando que eu recebera o diagnóstico e pedi que me apresentasse a seu amigo.

Mesmo tendo sido diagnosticado há duas décadas, Winston ainda compete no tênis e polo aquático, e leva uma vida ativa e feliz.

Quando nos falamos por telefone pela primeira vez, ele me disse que a minha vida não tinha acabado, mas que seria diferente dali para a frente. Ele fez uma analogia que tenho usado desde então para visualizar minha condição.

—Pense na vida da seguinte forma — disse ele. — Você está no banco do motorista da sua vida. Mas agora tem um passageiro rebelde que quer se sentar no banco ao lado. Primeiro, ele tenta só mudar a frequência do rádio. Se você baixar a guarda por um segundo sequer, ele vai agarrar o volante e tirar o carro da via. Você não pode baixar a guarda nem por um segundo!

Após a conversa com Winston, eu queria lutar contra o "passageiro rebelde" no meu corpo. Quando comecei a desenhar minha estratégia, a primeira coisa que decidi é que precisava de um médico melhor. Para mim, a visão mais aceita pela comunidade médica em relação ao Parkinson era muito racional e bidimensional. Saúde física é muito mais do que temperatura, pulso e pressão sanguínea. Eu não podia confiar, muito menos depositar minha vida, nas mãos de um médico que não se interessasse por mim como pessoa.

Não era pessoal; os médicos dos Estados Unidos que me diagnosticaram eram habilidosos, estudados e ótimas pessoas. O problema é que eu não sentia nenhuma conexão entre nós. A maioria apenas entrava na sala de exames com uma prancheta na mão, verificava meus sinais vitais em um pedaço de papel e mal levantava o olhar. Eu era apenas um número para eles, não uma pessoa.

Eu me sentia levado por uma rua estreita e de mão única que terminava no beco sem saída chamado morte. Seguir as prescrições de médicos avessos ao risco era trocar minha espada e meu escudo pela pá que usaria para cavar minha cova. Eventualmente, todos iremos morrer. Eu aceito isso. A morte não é o problema; o verdadeiro problema é como aceitamos a morte.

Considerando os riscos, eu precisava sentir uma conexão real com os médicos, porque eles seriam meus treinadores e corners dali em diante. Eu os consulto sempre e busco conselhos a cada mudança física, a respeito de minha dieta e dos meus protocolos de exercício. Não quero deixar nada nas mãos da sorte.

Winston me apresentou a um médico brasileiro que descreve o Parkinson como uma síndrome e não uma doença. Uma doença é uma condição de saúde com uma causa evidente e identificável, enquanto uma síndrome causa sintomas sem uma razão específica. O primeiro médico estadunidense me prescreveu comprimidos para tomar três vezes ao dia. O novo médico achou que eu estava tomando muito remédio e diminuiu a dose. Agora, tomo apenas um comprimido pela manhã e um à tarde. Também uso óleo de CBD e outros remédios naturais para estabilizar os tremores. O médico brasileiro me disse ainda que eu tinha sorte porque os tremores eram meu único sintoma até então. Minha esperança é conseguir parar com a medicação em algum momento. Claro que é uma grande ambição, mas preciso ter esperança.

No verão de 2023, fui ao podcast de minha sobrinha Kyra Gracie, no Brasil, para falar do jiu-jítsu invisível e o motivo de ele ser tão importante para mim hoje. Expliquei a ela que o jiu-jítsu invisível dava poder aos fracos ao aumentar sua coragem e confiança. Depois de debatermos temas agora familiares, como usar o jiu-jítsu para ajudar as pessoas a encontrar o poder no dia a dia e os efeitos desumanizadores da tecnologia, falamos de Orlando Cani. Quando Kyra me perguntou se eu ainda praticava bioginástica com regularidade, respondi que estava difícil fazer isso. Não só por causa da minha coluna e o problema de quadril, mas por causa do Parkinson. Eu não tinha ido ao programa com a intenção de anunciar isso ao mundo pela primeira vez, mas também não é algo de que eu tenha vergonha ou que procure esconder.

—Estou pronto para qualquer coisa na vida — expliquei. — Aceito a vida e tudo o que fiz, então, hoje estou feliz.

Contei a ela que essa condição neurológica abriu meus olhos para minha idade; mas que não mudou tanta coisa na minha vida.

—Não vejo isso com surpresa — adicionei —, mas como um presente de Deus para descobrir como vou lidar com isso.

Então, pedi a Kyra que fizéssemos uma pausa, para eu mostrar alguns dos princípios básicos do jiu-jítsu invisível. Embora minha sobrinha seja professora e ex-campeã mundial de jiu-jítsu, ela é uma pessoa bastante sensível e intuitiva. Ela entendeu de cara e, depois, me disse que foi como se estivesse aprendendo jiu-jítsu tudo de novo.

O Parkinson também me deu a oportunidade de servir de exemplo e referência para os demais com essa ou outras doenças incuráveis que mudam a vida de uma pessoa. Acredito de verdade que Deus me colocou nessa situação para que eu possa transformá-la em algo bom. Minha vida treinando e lutando me fez perceber que a coisa mais importante que o jiu-jítsu faz é plantar a semente da coragem nas pessoas. Quando essa semente brota, não significa que todos estarão prontos para lutar no UFC; muito mais importante do que isso, significa que as pessoas estarão bem equipadas para enfrentar os desafios da vida.

Depois da entrevista, mais de cem médicos brasileiros me procuraram. Sem plano de saúde, coparticipação, sem besteiras, apenas: "Oi, Rickson, trabalhei com pacientes com Parkinson a vida toda, quero te ajudar". Como se isso não fosse o suficiente, milhares de pessoas, desde ex-alunos e amigos até completos estranhos, telefonaram e mandaram mensagens desejando melhoras. Não posso descrever a inspiração e a energia que tirei dessa demonstração de amor e apoio incondicionais. Não só me tocou como me fez sentir que estou no caminho certo para algo muito maior pelo resto da vida.

Fiquei surpreso que minha admissão de fragilidade humana tenha tocado tantas pessoas. A experiência me levou a pensar que era hora de fazer limonada com os limões que a vida tinha me dado. Agora, não sou apenas professor de jiu-jítsu. Sou uma pessoa doente batalhando contra uma doença incurável e preciso seguir meus ensinamentos para aceitar e encontrar conforto na escuridão. Isso não tira minha capacidade de ser feliz. Todos vamos morrer um dia, mas ser infeliz e não ter inspiração nem amor no coração me parece um destino pior que a morte.

Recentemente fiz uma longa consulta virtual com Lair, um dos médicos do Brasil que me procuraram depois do meu anúncio. Como qualquer bom professor ou instrutor, Lair falou francamente da minha situação e não passou a mão na minha cabeça. Ele me perguntou uma série de coisas, como quanto de água bebo, a comida que ingiro, o ambiente em que vivo e todos os conflitos existentes na minha vida. Senti uma conexão imediata com ele pela abordagem mais holística, com foco no que está sob meu controle e no que pode melhorar meu estado. Ele me disse que minha situação pode seguir qualquer rumo, depende que eu escolha para qual lado quero ir.

Dias depois da consulta virtual, novos medicamentos para Parkinson chegaram pelo correio. Quando entrei em contato com Lair para saber quanto lhe devia, ele disse:

— Não é uma questão de dinheiro. Admiro você e quero ajudar.

De novo, foi um ato de amor. Esse médico entrou na minha vida para me ajudar sem pedir nada em troca, e isso me toca de maneira profunda. Não é apenas uma relação bidimensional entre um paciente e um cara de jaleco branco. Eu respeito e confio no que ele diz não só porque ele é médico, mas por ter um coração enorme. Seus conselhos nutricionais, espirituais e psicológicos parecem um presente de Deus.

Capítulo 21

CONFORTO NA ESCURIDÃO

DEPOIS QUE LAIR ME CONTOU QUE A INFLAMAÇÃO MATA OS NEURÔNIOS responsáveis pela liberação de dopamina, quis fazer tudo que pudesse para reduzir as fontes de inflamação em meu corpo. Inflamação é um termo abrangente para os mecanismos de defesa do corpo contra vírus, infecções e outras lesões, e pode vir de várias formas. Um calcanhar torcido incha. A pele queimada dói e fica vermelha. Tudo isso é inflamação.

Lair me disse que uma das maiores fontes de inflamação são toxinas no ambiente. Elas estão na comida, na água e em vários itens que usamos todos os dias: panelas antiaderentes, embalagens de alimentos, produtos de limpeza, tecido impermeável, carpete, tinta, mobília, fio dental e até alguns tipos de papel higiênico. Essas coisas contêm químicos não naturais microscópicos que levam milhares de anos para se decompor e que estão ligados a doenças como Parkinson e câncer. E, embora seja quase impossível evitar todas essas toxinas, tento me proteger das piores.

Conforme o mundo se torna cada vez mais poluído, o alimento e a água potável vão sendo contaminados. Parte da água dos Estados Unidos contém "químicos eternos" (substâncias polifluoroalquílicas ou PFAS). Aqui onde eu moro, na Califórnia, a água é extremamente ácida. Esse foi um problema fácil de resolver: agora filtro toda a água da casa e bebo apenas água ionizada.

Proteínas animais também podem causar inflamações, então meus dias de comer carnes estão contados. É uma escolha difícil, mas reduzir inflamações é, para mim, mais importante do que o prazer que sinto ao comer um delicioso bife grelhado. Agora, se não me faz bem, eu não como. Se quero enfrentar essa luta com seriedade, preciso fazer essas difíceis, porém necessárias, mudanças no estilo de vida.

Além desses mecanismos de defesa, estou na ofensiva contra o Parkinson. Em vez de tratar apenas os sintomas, como os tremores, quero combater o que muitos acreditam ser a causa da doença: a perda da dopamina no cérebro. Hoje, eu tento prevenir a morte das células nervosas que produzem dopamina.

Neurologistas encontraram aglomerados de proteínas nas sinapses do cérebro de pessoas com Parkinson. Como detritos que interrompem a correnteza de um rio, nesse caso, elas barram a comunicação entre as células. Estudos recentes mostram que o jejum pode ajudar a resolver essa questão porque coloca o corpo em estado de autofagia, um processo fisiológico que ajuda o organismo a se livrar, reparar e reciclar as células danificadas do cérebro. Cada célula contém treze partes. Com o tempo, elas vão parando de funcionar, e as partes danificadas são descartadas por meio do processo de autofagia. Agora, pratico jejum uma vez por semana. Faço minha última refeição do dia às 4 horas da tarde e não como mais nada até o mesmo horário no dia seguinte. Se jejuar pode ajudar a reparar as células danificadas no cérebro, por que não tentar?

CONFORTO NA ESCURIDÃO

Também elaborei novos protocolos de exercícios para combater a doença de Parkinson. Ando de bicicleta ao ar livre, nado e jogo pingue-pongue para melhorar a coordenação entre a mão e o olho. Também tenho feito mais exercícios de alta intensidade, como pliometria, e ainda dou aula de jiu-jítsu alguns dias por semana. De novo, agir ativamente para melhorar a saúde requer disciplina. Se eu não estiver disposto a tomar essas decisões difíceis, terei que passivamente observar os problemas piorarem e a doença levar a melhor.

Consultei recentemente um médico nos Estados Unidos em quem confio e de que gosto muito. Era a primeira vez que nos víamos depois de seis meses, para exames de coordenação e movimento. Depois, ele me contou que meu corpo seguia extremamente estável e perguntou qual remédio eu tomava. Quando contei, ele ficou surpreso.

— É só isso? Estou impressionado.

Contei também das mudanças na dieta e estilo de vida, e ele respondeu:

— Oficialmente, não posso dar uma opinião profissional porque não conheço muito de curas alternativas. — E adicionou: — Extraoficialmente, continue com o que está fazendo, estou orgulhoso. Você é a primeira pessoa que já conheci que quer vencer essa doença. Sua cabeça está no lugar e você está mais feliz do que a maioria de meus pacientes.

Acredito que meu estado mental tenha tanta importância quanto os protocolos médicos. Câncer, cólera ou Parkinson, eu não deixaria uma doença redefinir quem sou ou como vivo minha vida. Digamos que você tenha câncer, trate-se com quimioterapia e entre em remissão. Mas, em vez de ficar feliz com a remissão, escolhe viver em constante medo de que a doença volte, mesmo que as chances sejam pequenas. Eu me recuso a viver com medo. Posso escolher ver apenas o lado ruim da situação ou enxergar lampejos de esperança. Em vez de focar no que está errado comigo, eu me concentro em fazer o máximo que puder com o tempo e a energia que me restam. Uma doença não deveria deixar ninguém infeliz para sempre; é apenas um prazo de expiração novo e mais apertado. Até que eu alcance esse prazo, quero usar meu tempo da maneira mais positiva e construtiva que puder, sem me preocupar ou especular sobre coisas que estão fora do meu controle.

Muita gente que enfrenta uma doença séria desiste sem lutar, porque não tem as ferramentas ou perspectivas para lidar com o desafio que se apresenta. O jiu-jítsu me deu a estratégia e as táticas que uso para engajar e lutar contra o Parkinson. Quando descobri que tinha uma condição médica que mudaria minha vida, a aceitação se tornou muito importante, porque não havia tempo para evitar o fato de que minha vida nunca mais seria a mesma. O timing foi essencial, porque eu não podia esperar e deixar que o Parkinson fincasse as garras em mim mais fundo do que já havia feito.

Minha base psicológica é especialmente importante porque, agora, preciso tomar decisões mais cuidadosas e informadas a respeito da minha saúde. Não posso deixar minhas expectativas, dúvidas, preocupações ou problemas emocionais levarem a melhor. E, embora eu deva considerar diferentes alternativas que venham de fora do escopo da medicina ocidental, não significa que vou ignorar as descobertas e pesquisas científicas para buscar uma cura milagrosa. Ao contrário, eu equilibro as duas coisas e considero tudo que possa, dentro do limite da razão, me ajudar.

Se eu deixar o Parkinson redefinir toda a minha vida e se tornar meu único foco, vou me sentir derrotado e desesperado. No lugar, visualizo uma luta de toda uma vida contra o passageiro rebelde no meu carro. Para mantê-lo fora do banco do passageiro, uso todas as

CONFORTO NA ESCURIDÃO

ferramentas que o jiu-jítsu me deu. É só mais uma luta. O Parkinson pode levar minha vida, mas não minha força de vontade. Como quando lutava nos ringues, prefiro morrer a desistir.

Quero me curar, mas, se não existe cura, pretendo ao menos estabilizar minha condição o máximo que puder. Qualquer que seja o resultado, as pequenas vitórias diárias me dão esperança, porque me mostram que estou lutando contra a doença. Não importa quanto os sintomas piorem, não vou permitir que "vítima" se torne minha identidade. Ainda estou ensinando e inspirando outras pessoas ao mostrar, e não ao dizer, a elas que podem ser felizes e permanecerem positivas independentemente das circunstâncias. Você não precisa ser um artista marcial para fazer essas coisas. Qualquer um pode aplicar a trindade mental, física e espiritual do jiu-jítsu, e não apenas a uma doença, mas em todos os aspectos da vida.

Estou num bom caminho agora, graças às mudanças no estilo de vida e alimentação. Levo uma vida humilde e tenho muita sorte de ter outra mulher forte ao meu lado. Quando conheci minha segunda esposa, Cassia, no Rio de Janeiro, eu já não era mais jovem. Não esperava que amor verdadeiro, amizade e paixão voltassem a fazer parte da minha vida, mas isso aconteceu. Minhas expectativas para esse relacionamento eram bem diferentes, porque não queria cometer os mesmos erros da juventude. A doença de Parkinson acabou sendo um teste para nossa relação, e Cassia o tirou de letra. Conforme enfrento as novas limitações, ela permanece a meu lado a cada passo. Às vezes, é difícil para mim porque ela quer me ajudar quase que como uma mãe nas atividades do dia a dia, mas sou afortunado por tê-la em minha vida.

Hoje, fico feliz com coisas simples, como cozinhar, comer e passar tempo com família e amigos. Os esquilos, gaios-azuis, guaxinins, gambás, pavões, falcões e corvos que se tornaram meus amigos e vivem no meu quintal me trazem uma sensação de paz e conexão com a natureza. Quero ser a primeira pessoa a se curar da doença de Parkinson. Provavelmente não serei, mas ter esse objetivo me traz esperança, e isso muda tudo.

É uma nova fase na minha vida; uma oportunidade para crescer e liderar pelo exemplo. Embora eu tenha que diminuir o ritmo, ainda sou o mesmo guerreiro. Meu instinto assassino permanece intacto. Mesmo em um novo campo de batalha, as estratégias e táticas são as mesmas. Quanto mais penso a respeito de ter Parkinson, mais vejo isso como meu desafio final enviado por Deus.

Conclusão

APRENDENDO A AMAR MEUS ADVERSÁRIOS

MEU MÉDICO, LAIR, PERGUNTOU SE EU TINHA QUESTÕES INACABADAS na vida e sugeriu que eu as resolvesse. Embora os resultados tenham sido variados, dar o primeiro passo me fez bem. Ao olhar para trás, percebi como sou grato aos meus adversários: Masakatsu Funaki, Yuki Nakai, Hugo Duarte, Sergio Pena, meu irmão Rorion, Nobuhiko Takada, Rei Zulu, entre outros, porque eles me prepararam para a batalha final. Enfrentamos muito drama e conflitos na juventude, mas não nos batemos em vão. Todos eles me ensinaram coisas importantes.

Depois de nossa luta, um Funaki emocionado pediu desculpas aos fãs e disse que, por considerar a luta *kakutougi*, não teríamos revanches ou segundas chances, e anunciou sua aposentadoria. Fiquei sabendo que ele não levou a derrota numa boa e fiquei preocupado com ele. Quando nos falamos, mais ou menos um ano depois, ele me agradeceu pela luta e disse que eu o fizera reavaliar sua vida. Funaki me contou que ficara honrado de lutar comigo, e respondi que a honra era toda minha. Qualquer pessoa tão séria e comprometida

CONFORTO NA ESCURIDÃO

com sua missão como ele merecia todo o meu respeito. Hoje ele treina a próxima geração de lutadores japoneses.

Yuki Nakai, com quem lutei em 1995, me mostrou o coração de um verdadeiro guerreiro. Ele tinha apenas 1,68 metro e pesava menos de 70 quilos, mas quando me enfrentou, na final do Japan Open, já tinha vencido duas lutas difíceis contra dois adversários muito maiores. Sua primeira luta contra o kickboxeador holandês de 1,95 metro, Gerard Gordeau, é provavelmente a mais brutal da história do MMA. Mesmo sendo campeão de artes marciais, o holandês trabalhou muitos anos como segurança, de modo que o lutador experiente lidava com o MMA como se fosse uma briga de rua. Quando meu irmão Royce o enfrentou no primeiro UFC, Gordeau tentou arrancar um pedaço da sua orelha com os dentes!

Na primeira luta deles no Japan Open, Yuki tentou um gancho de calcanhar e Gordeau enfiou o dedo com tanta força no olho de Yuki que o deixou cego do olho direito. E Yuki não só continuou a lutar por mais vinte minutos, como se nada tivesse acontecido, como também finalmente conseguiu prender Gordeau em um gancho de calcanhar. Yuki podia ter facilmente destruído o joelho do adversário, mas o soltou assim que o holandês bateu no chão.

Depois disso, Yuki Nakai não saiu da competição para ir atrás de atendimento médico e tentar salvar o olho. Menos de uma hora depois, estava lutando contra o lutador norte-americano 45 quilos mais pesado que ele, sobreviveu a um ataque cruel no chão e cheio de socos e o finalizou por submissão com uma chave de braço. Quando nos enfrentamos na final, seus dois olhos estavam inchados e seu nariz parecia quebrado. Apesar dos ferimentos, ele veio gritando pelos corredores, ansioso pela nossa luta:

— Rickson! Estou indo atrás de você!

APRENDENDO A AMAR MEUS ADVERSÁRIOS

Contrariando os conselhos do meu corner, bati em Yuki o menos que podia, venci por submissão da forma mais gentil que pude e fiz apenas o necessário para vencer. Yuki era o verdadeiro samurai moderno naquela noite.

Depois do Japan Open, Yuki largou o MMA porque não conseguia mais ver os socos vindo em sua direção. Ele escondeu a cegueira por um bom tempo por não querer piorar a reputação do esporte, que já era ruim. Como o MMA não era mais uma opção, Yuki Nakai abriu o coração para o jiu-jítsu e embarcou em uma missão muito específica: queria restaurar sua proeminência no panteão das artes marciais japonesas. Em 1997, duas semanas antes da competição mais importante do jiu-jítsu, o campeonato mundial *Mundials*, no Brasil, a campainha do apartamento do meu primo, Carlos Gracie Junior, tocou, no Rio de Janeiro. Quando ele abriu a porta, Yuki estava parado em sua frente com uma pequena mala contendo dois Gis e mais algumas coisinhas. Certa vez, meu primo dissera a Yuki no Japão que, se estivesse no Rio, o procurasse, e ali estava ele. Mesmo sem falar português ou inglês e sem lugar para ficar, tinha ido do Japão ao Brasil para competir. Nas duas semanas seguintes, as melhores academias da cidade abriram suas portas a Yuki Nakai, e um de seus maiores fãs e apoiadores era meu primo Carlson Gracie.

Depois que foi embora, Yuki continuou a treinar e competir, conquistou sua faixa preta e abriu uma academia de jiu-jítsu em Tóquio. No fim dos anos 1990, estava cada vez mais incomodado com o fato de a tecnologia estar desconectando as pessoas umas das outras. Acima de tudo, ele se preocupava com o fato de que a comunicação ao vivo, presencial, parecia estar desaparecendo e sendo substituída pelos telefones celulares e a internet. Como eu, Yuki não via mais o jiu-jítsu apenas como uma arte marcial que viera dos guerreiros, e sim como uma forma de comunicação que transcendia a tecnologia e a linguagem falada. Como Yuki disse, não importa a cor da pele ou a língua que falam, as pessoas se tornam amigas no jiu-jítsu mesmo sem conversar. "Comunicação da Arte Marcial" era o lema da escola dele, e tenho muito orgulho, porque há uma foto minha lá na parede. Yuki Nakai é um dos tesouros da nação japonesa.

Hugo Duarte, com quem lutei nas ruas do Rio, era a encarnação da coragem. Foi preciso muita fibra para um lutador desconhecido me desafiar no auge do meu poder no Brasil, e depois ainda exigir uma revanche. Tenho muito respeito por Hugo pela profundidade de seu comprometimento com as artes marciais. Ele chegou a enfrentar alguns dos lutadores mais fortes do MMA, incluindo Mark "The Smashing Machine" Kerr. Embora tenha perdido, aguentou três rounds e, como sempre, lutou com o coração. Hugo, o lutador durão e teimoso que derrotei décadas atrás, se tornou um treinador, líder e artista marcial iluminado.

Sergio Pena foi um dos meus rivais mais sérios e provavelmente quem chegou mais perto de me derrotar. Quando nos enfrentamos em um campeonato em 1981, soube que ele acreditava 100% que podia me vencer, e quase o fez. Ele estava sempre à frente na pontuação, mas consegui vencê-lo por submissão no fim da luta. Pouco depois, Sergio largou as competições e se tornou piloto de avião. Fiquei mal por ele, e não tinha certeza se tinha sido responsável por destruir seus sonhos ou se aquilo apenas fez parte de seu processo evolutivo. De qualquer modo, fiquei feliz em saber que agora ele mora nos Estados Unidos e ensina jiu-jítsu. Sergio não é apenas um grande professor, ele também sabe o que é preciso para vencer.

Apesar de nossas desavenças, tenho muito carinho e gratidão pelo meu irmão mais velho, Rorion. Sem ele, o jiu-jítsu nunca teria tomado o mundo de assalto, e eu não seria a pessoa que sou hoje. Nesse caso, gratidão requer um tanto de aceitação e perdão. E embora eu tenha terminado meu livro anterior, *Respire*, dizendo que o amo, pouco antes do Natal de 2022, Rorion reclamou que eu menti no livro ao dizer que Royce nunca me pagou por treiná-lo para o UFC.

Eu gargalhei, balancei a cabeça e me xinguei por não esperar por isso. Rorion é quem ele é, e isso nunca vai mudar. No fim, aceitei adicionar uma errata ao *Respire*, dizendo que nossas memórias a respeito divergem. A vida é muito curta para gastar tempo e energia em coisas assim. Para mim, perdão e liberdade andam de mãos dadas. A raiva exige energia e corrói a psiquê. Por causa de minha batalha contra o Parkinson, não tenho espaço na vida para conflitos desnecessários. No meu aniversário este ano, Rorion veio à minha casa trazendo alguns mamões papaia; eu nunca toquei no assunto de novo.

Recentemente, Nobuhiko Takada veio até minha academia com um grupo de alunos japoneses de jiu-jítsu para aprender o jiu-jítsu invisível. Takada e eu lutamos em 1997 e 1998, mas desta vez ele veio me ver como aluno. Mesmo que já tenha sido o Hulk Hogan japonês, ele me impressionou com sua humildade e dedicação ao jiu-jítsu como arte marcial. Ele é uma ótima pessoa. Takada vem treinando há anos no Japão, é um faixa roxa decente, mas ainda tem muitos detalhezinhos a aprender. Quando o ensinei a respeito de base, conexão, respiração e alguns outros aspectos invisíveis do jiu-jítsu, ele ficou fascinado. Como muitos dos alunos de hoje, ninguém nunca lhe havia ensinado essas coisas. Ele deve retornar em breve à Califórnia para mais aulas. Quando foi embora, percebi que nossa relação se tornara um círculo completo, e isso me deixou muito feliz.

CONFORTO NA ESCURIDÃO

Soube há pouco tempo que meu antigo nêmesis, Rei Zulu, não podia mais andar e estava em uma cadeira de rodas. Ele precisaria fazer uma cirurgia no quadril, mas não havia garantias de que voltasse a andar. Essa notícia triste me bateu lá no fundo. Liguei para meu amigo Sergio "Malibu" Jardim e disse:

— Precisamos ajudar Zulu!

Ninguém nunca me testou como o Rei Zulu em nossa primeira luta. Ele abriu meus olhos e mudou a forma como enxergo as lutas para sempre. Ficar frente a frente com meu pior pesadelo não foi apenas um momento de vai ou racha. Rei Zulu me forçou a estar presente e aceitar meu destino, e me mostrou que qualquer batalha pode ser a última. Foi a experiência mais intensa da minha vida.

Pedi a Malibu que descobrisse como podíamos melhorar a qualidade de vida do Rei Zulu. Ele me ligou de volta poucos dias depois.

— O Rei Zulu não tem uma rampa para a cadeira de rodas. Tem sido um pesadelo para ele entrar e sair de casa. Ele também não tem conseguido dormir bem, porque o colchão é velho e ruim.

Primeiro, dei dinheiro a Malibu a fim de que contratasse alguém para instalar uma rampa na casa do Rei Zulu. Agora, estou arrecadando o dinheiro necessário para comprar um novo colchão e uma cadeira de rodas elétrica para ele. Eu me senti bem em fazer isso. Um dia fomos adversários, mas hoje estamos no mesmo barco. Nós dois estamos envelhecendo e tendo que lidar com problemas de saúde; agora, o vejo como um camarada que precisa de ajuda. Nossa rivalidade amarga se transformou em amizade. Sou muito grato ao que ele me ensinou. Deixamos os tempos turbulentos no passado e encontramos um lugar mais pacífico. Estou feliz por ter passado por tudo isso e poder ajudá-lo no presente.

Hoje, eu amo meus adversários. Sem eles, não seria quem sou. Embora eu vá para a batalha sem piedade alguma, tenho amor no

APRENDENDO A AMAR MEUS ADVERSÁRIOS

coração, porque, ao lutar, eu me conecto aos meus ancestrais e a Deus, e me expresso do jeito mais completo possível. Meu adversário é minha última preocupação. Onde quer que eu vá parar no pós-vida, será o mesmo lugar em que estão meu pai, meu filho, meus irmãos, meus primos e a maior parte de meus adversários. Só a ideia de ser ridicularizado por eles é o suficiente para me dissuadir de pegar atalhos no caminho.

Como meu amigo Winston diz, Parkinson é como ter um passageiro rebelde no carro. Se você deixar, ele vai agarrar o volante e tirar o carro da estrada. Sinto que as mudanças que fiz de medicação, dieta, estilo de vida e mentalidade melhoraram minha vida no dia a dia. O Parkinson não está mais no banco do passageiro; está agora no porta-malas. De vez em quando, escuto um barulho ou outro vindo de lá. Quando isso acontece, eu costumo aumentar o volume do rádio, mas se o canalha estiver fazendo muito barulho, então, piso no freio e o jogo contra o banco de trás. É importante que o Parkinson saiba quem está dirigindo o carro.

AGRADECIMENTOS

PRIMEIRO DE TUDO, GOSTARIA DE AGRADECER A MINHA ESPOSA, CASSIA, que tem sido um pilar incrível de amor e apoio. Também agradeço a meu pai, Hélio Gracie; meus irmãos Rolls e Rorion Gracie; e meu professor, Orlando Cani, por tudo o que me ensinaram. Sem eles, eu jamais conquistaria tudo o que conquistei. Meu filho querido, Rockson, continua me inspirando a fazer o meu melhor até o fim. Mais uma vez, meu velho amigo (e coautor de *Respire*), Peter Maguire, me ajudou a articular minhas ideias a respeito do jiu-jítsu e da vida. A reviravolta é um jogo limpo, então é justo que ele me empurre tanto com as palavras e ideias quanto eu o empurrei nos tatames pelas últimas três décadas. Também gostaria de agradecer aos médicos e acadêmicos que ensinaram a Peter e a mim sobre biologia, ciência e física, e que ofereceram *insights* valiosos, além de terem lido esboços deste livro. O professor Wayland Tseh nos ajudou a entender e descrever melhor a respiração e o papel que o oxigênio tem no desempenho humano. O professor de física e praticante de jiu-jítsu, Dylan McNamara, nos ensinou a respeito de alavancagem e o papel disso no jiu-jítsu. O dr. Frank Snyder trouxe novas descobertas ao papel que a dopamina tem no cérebro. Um agradecimento especial ao editor Peter Dimock, cujas dúvidas e perguntas, às vezes dolorosas, melhoraram tanto *Respire* quanto este livro. Agradeço a Annabelle Lee Carter e Henryk Jaronowski por lerem e editarem diversos esboços da obra e por ajudarem a melhorá-la. Agradeço também a Chris Burns, por trazer este livro à vida com suas ilustrações. Por último, mas não menos importante, nosso agente, Frank Weimann, merece um agradecimento por encontrar um bom lar para nós na HarperCollins, e por ser nosso leal apoiador, defensor e soldado da linha de frente.

Este livro foi impresso pela Lisgráfica, em 2024, para a HarperCollins Brasil.
O papel do miolo é pólen natural 80g/m², e o da capa é cartão supremo 250g/m².